Mathematics
Addition and Subtraction
for
Beginners

Copyright © 2020 by A Devi Thangamaniam. All right reserved. No part of this publication may be reproduced, distributed, or transmitted in any form or by any means, including photocopying, recording, or other electronic or mechanical methods, without the prior written permission of the author, except in the case of brief quotations embodied in critical reviews and certain other non-commercial uses permitted by copyright law.

Information: MiLu Children's Educational Source. www.my-willing.com

ISBN: 979 8 88525 439 7

Connect the pictures and add them

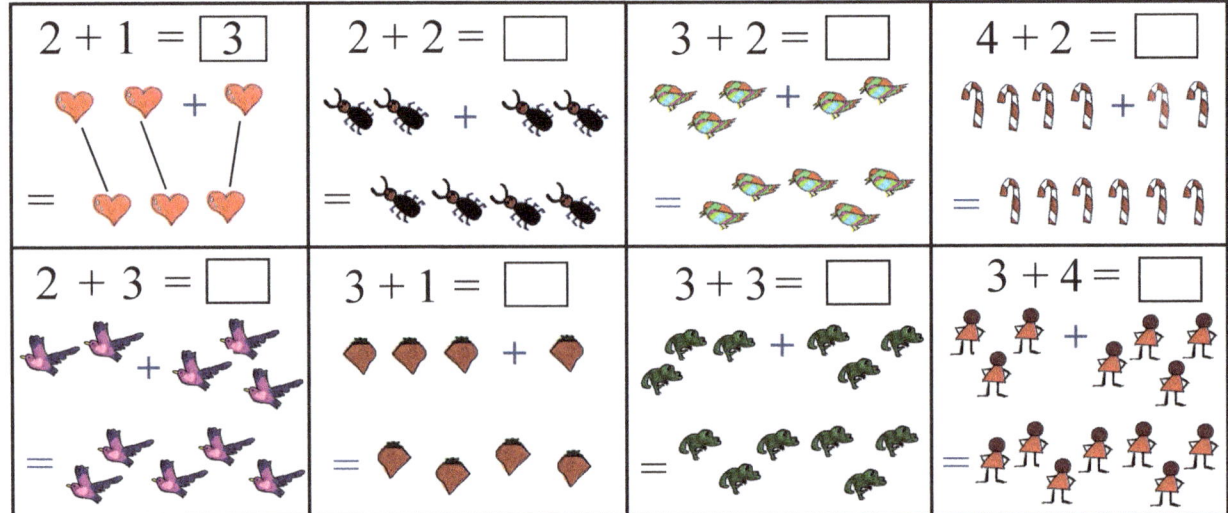

Colour the pictures and add them

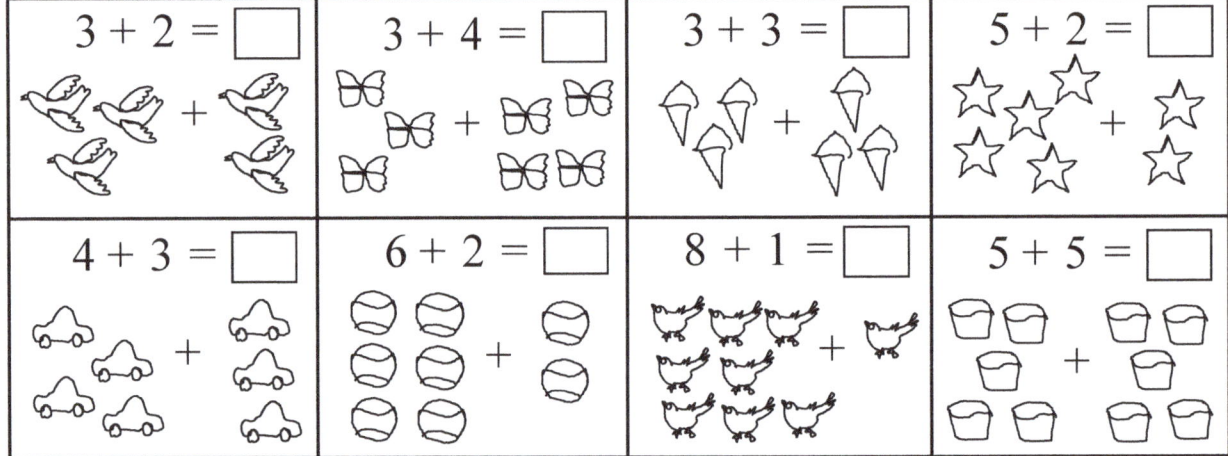

Add and circle the pictures, and write the answers

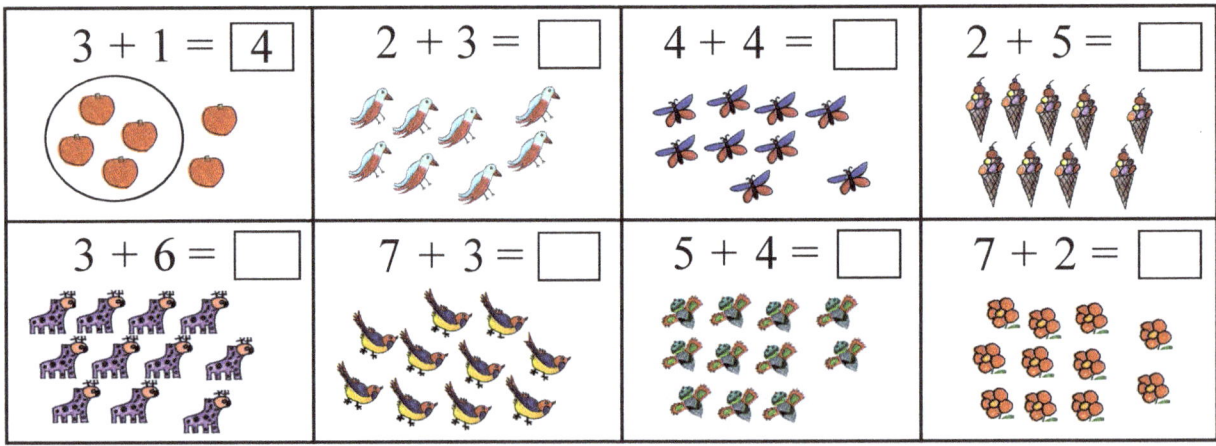

Add with pictures and circle the correct answers

2 + 2 = 6 ④	2 + 4 = 7 6	3 + 4 = 7 5	3 + 3 = 6 4
5 + 4 = 8 9	3 + 2 = 5 3	1 + 3 = 4 2	5 + 2 = 7 5
1 + 2 = 2 3	6 + 3 = 6 9	4 + 4 = 8 5	2 + 5 = 7 9

Colour the pictures and add them

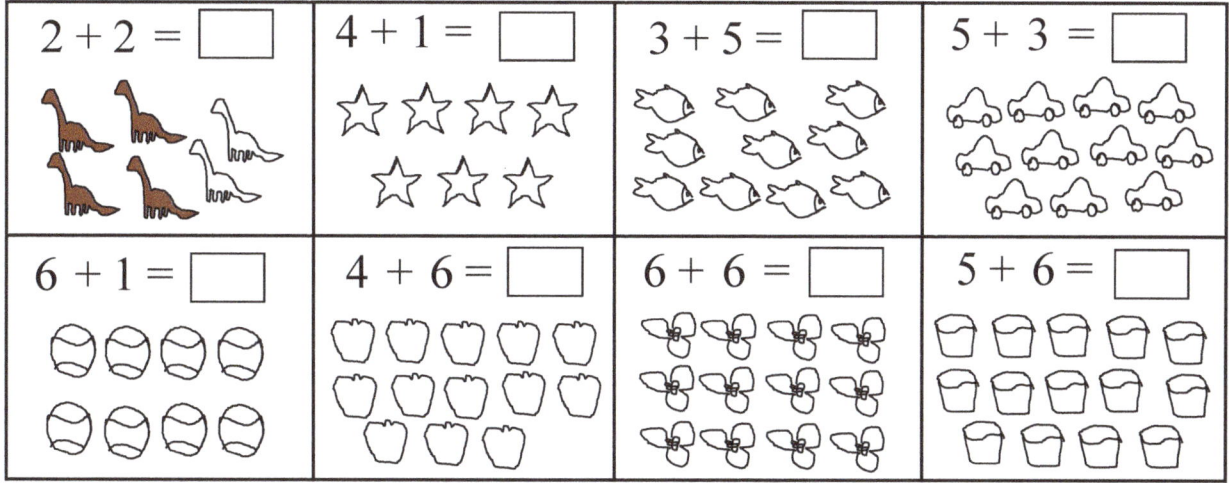

2 + 2 = ☐   4 + 1 = ☐   3 + 5 = ☐   5 + 3 = ☐

6 + 1 = ☐   4 + 6 = ☐   6 + 6 = ☐   5 + 6 = ☐

Count the pictures and add them

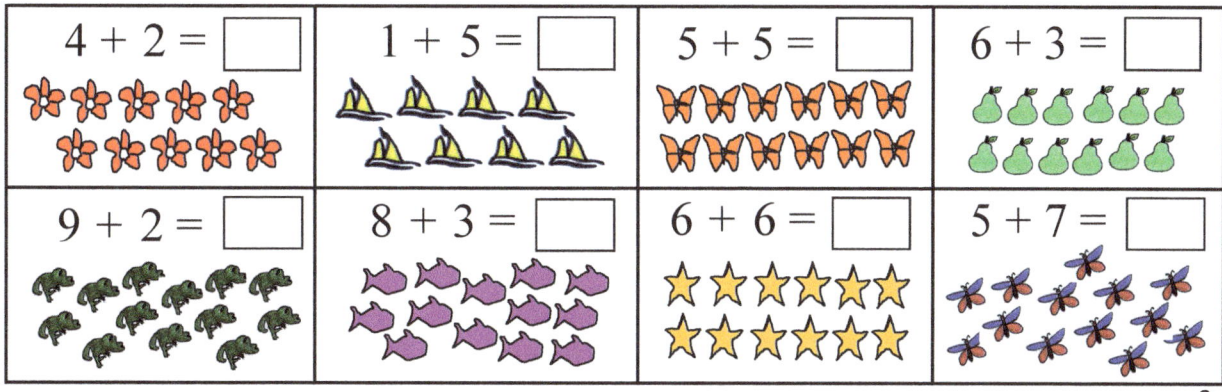

4 + 2 = ☐   1 + 5 = ☐   5 + 5 = ☐   6 + 3 = ☐

9 + 2 = ☐   8 + 3 = ☐   6 + 6 = ☐   5 + 7 = ☐

Add with pictures and write the answers

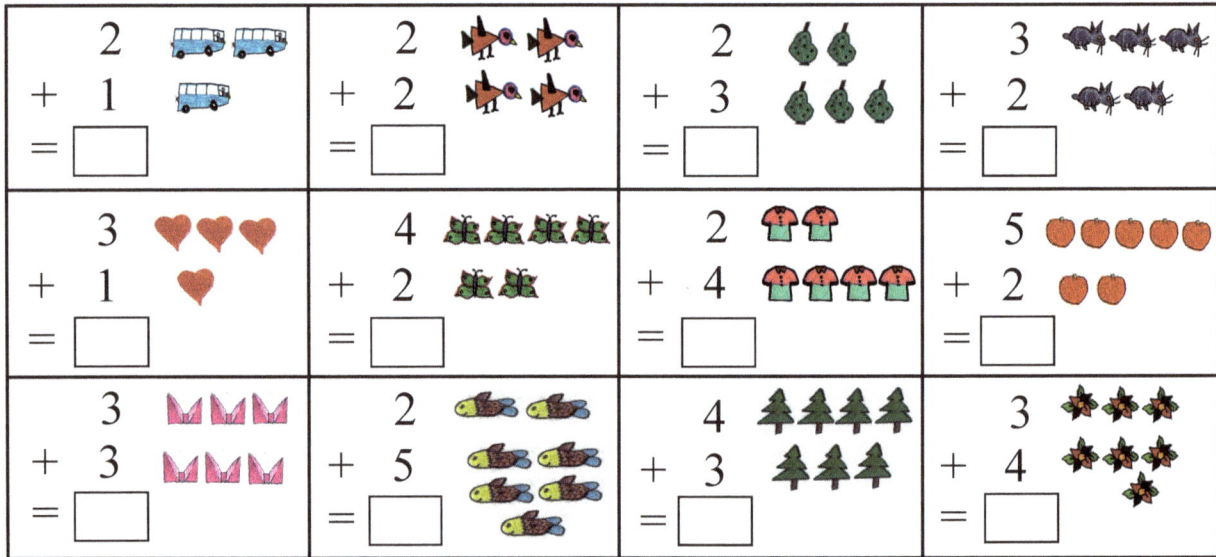

Colour the pictures and add them

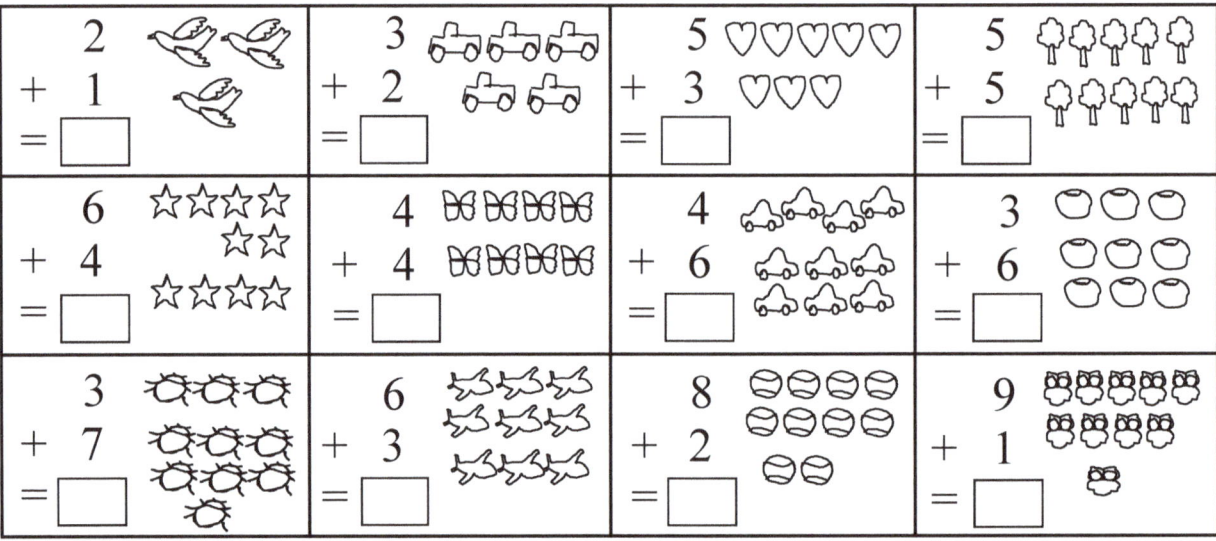

Read the answers and make Domino in the missing places

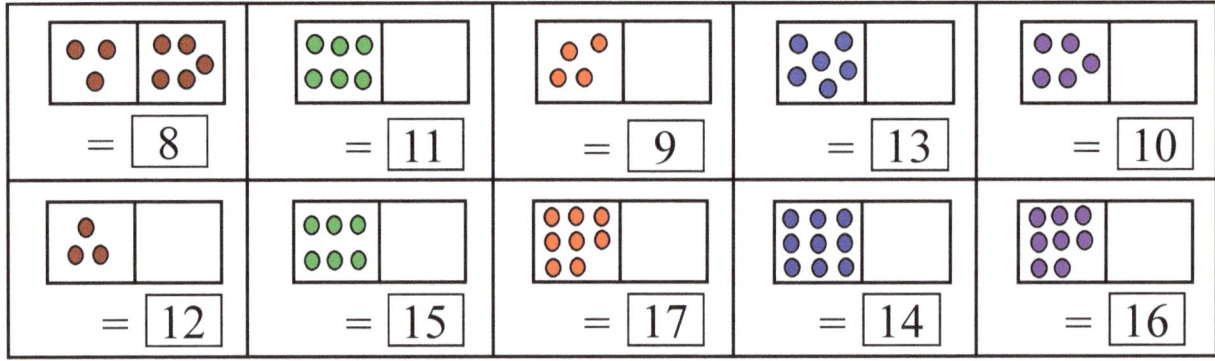

Add with pictures and fill in the missing places

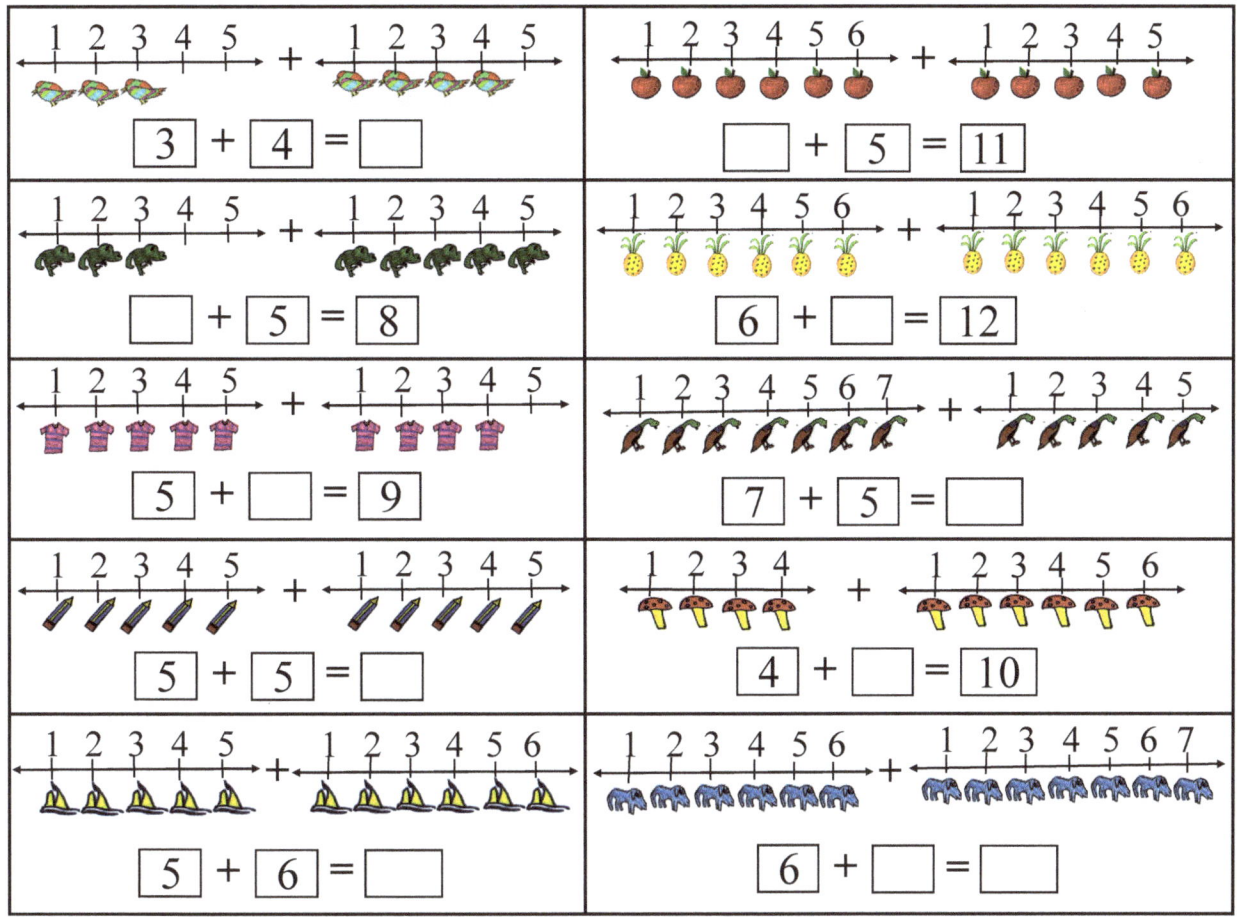

Match the correct answers

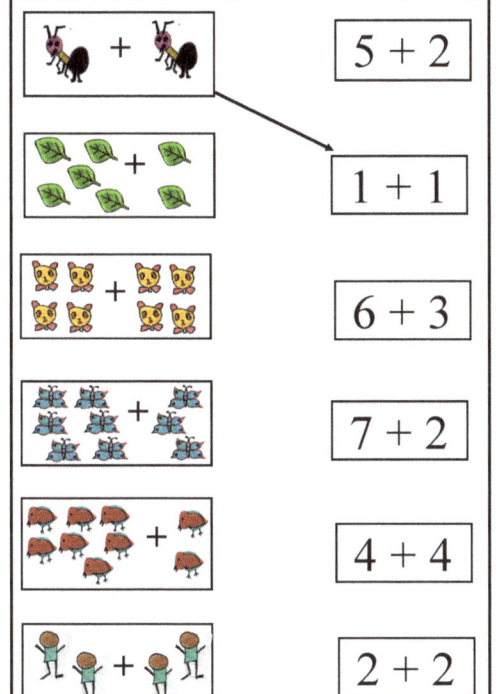

6 + 8	12
3 + 9	15
5 + 10	14
3 + 8	16
6 + 11	11
8 + 8	17

9	7 + 4
12	7 + 7
13	5 + 7
11	8 + 5
15	4 + 5
14	8 + 7

Colour the bars and add them

1) 1 + 3 = ☐
2) ☐ + 3 = 5
3) 5 + 4 = ☐
4) ☐ + 5 = 10
5) 6 + ☐ = 11
6) 3 + 8 = ☐
7) 6 + 6 = ☐
8) 5 + ☐ = 12
9) 7 + ☐ = 10

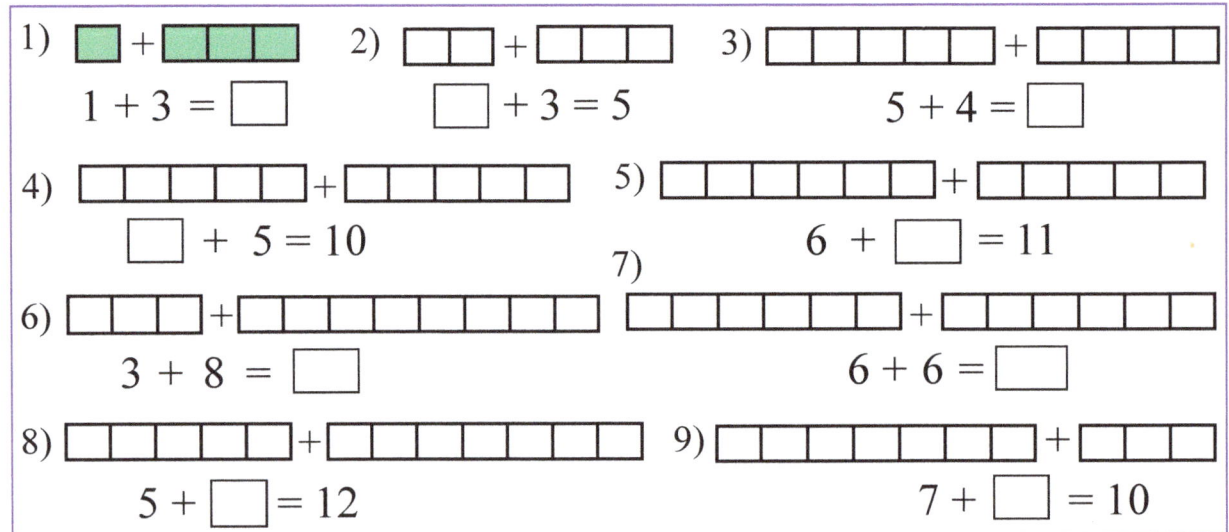

1) + 5, 4 =
2) + 6, 5 =
3) + 5, 7 =
4) + 6, 7 =
5) + 4, 4 =
6) + 6, 8 =
7) + 5, 8 =
8) + 6, 9 =
9) + 7, 8 =
10) + 4, 9 =

Match and colour the numbers then get the answers

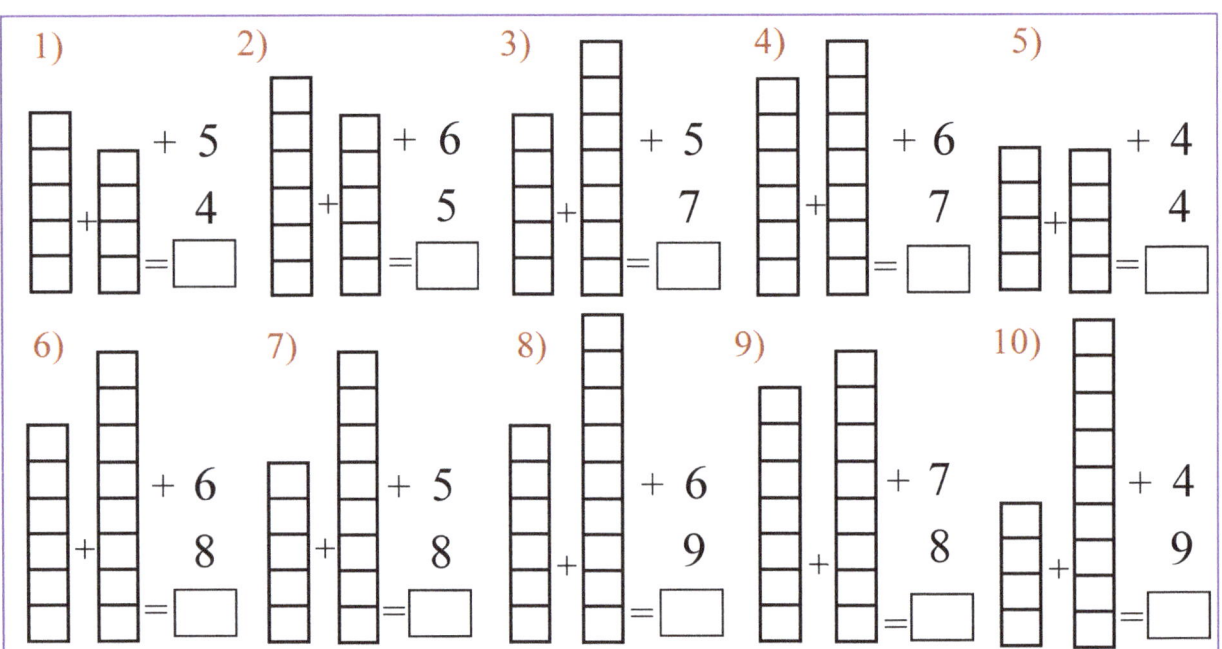

1) 1 + 5 = 6
2) 2 + 4 = ☐
3) 3 + ☐ = 6
4) ☐ + 2 = 6
5) 5 + 1 = ☐

6) 5 + ☐ = 6
7) 4 + 2 = ☐
8) 3 + 3 = ☐
9) 2 + ☐ = 6
10) 1 + 5 ☐

Match and colour the numbers then get the answers

1) 1 + 6 = ☐
2) 2 + ☐ = 7
3) ☐ + 4 = 7
4) 4 + ☐ = 7
5) 5 + 2 = ☐
6) 6 + 1 = ☐

+	1	2	3	4	5	6
1	2	3	4	5	6	7
2	3	4	5	6	7	8
3	4	5	6	7	8	9
4	5	6	7	8	9	10
5	6	7	8	9	10	11
6	7	8	9	10	11	12

7) ☐ + 1 = 7
8) 5 + 2 = ☐
9) 4 + ☐ = 7
10) 3 + 4 = ☐
11) ☐ + 5 = 7
12) 1 + 6 = ☐

Count beads and add them

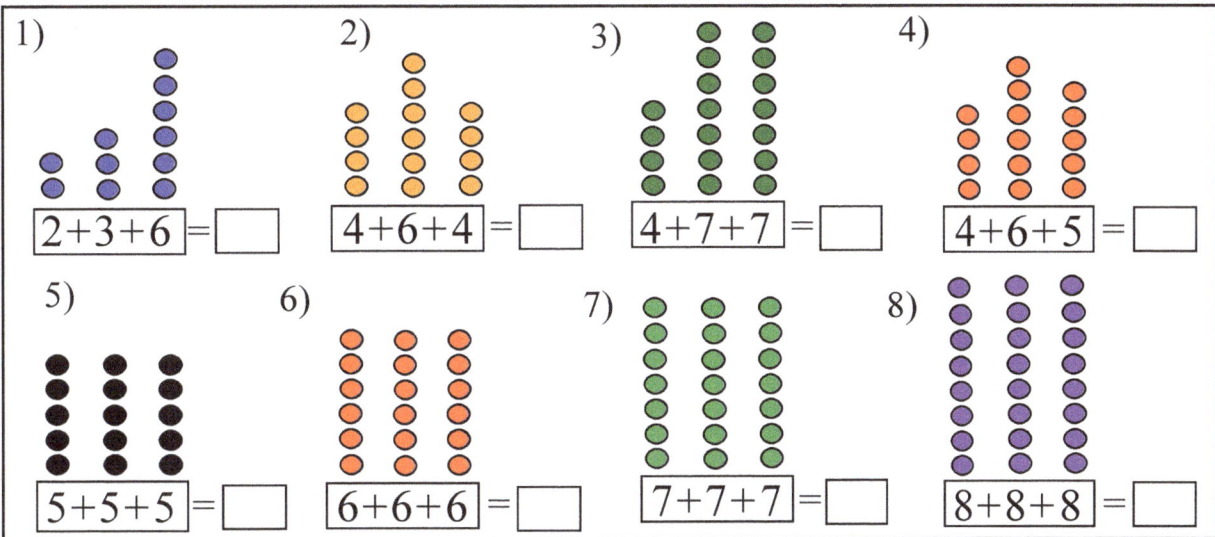

1) 2+3+6 = ☐
2) 4+6+4 = ☐
3) 4+7+7 = ☐
4) 4+6+5 = ☐
5) 5+5+5 = ☐
6) 6+6+6 = ☐
7) 7+7+7 = ☐
8) 8+8+8 = ☐

Draw beads and add them

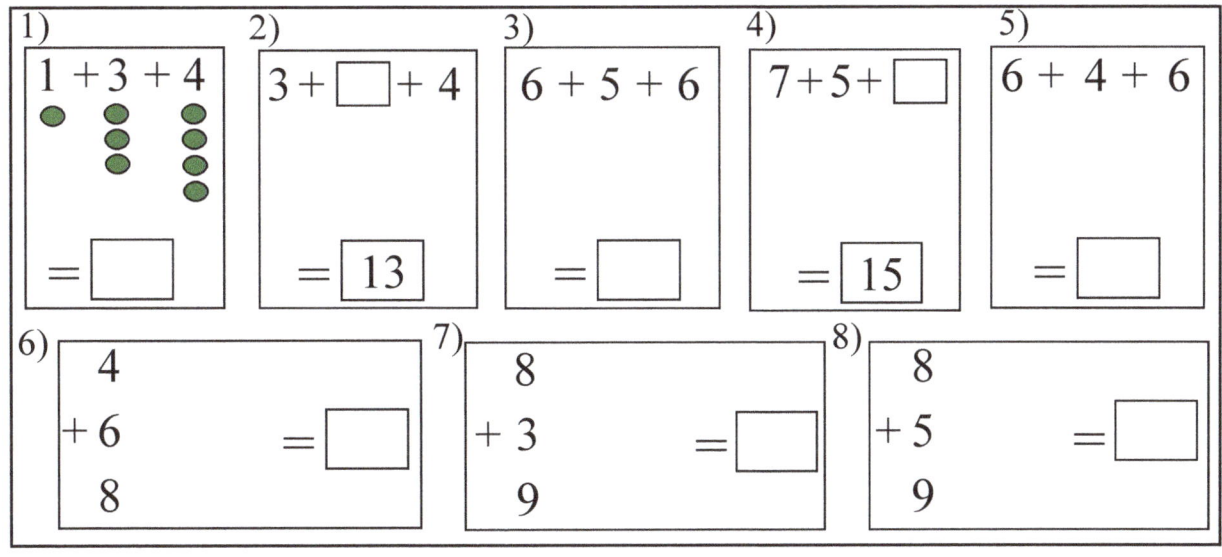

1) 1 + 3 + 4 = ☐
2) 3 + ☐ + 4 = 13
3) 6 + 5 + 6 = ☐
4) 7 + 5 + ☐ = 15
5) 6 + 4 + 6 = ☐

6) 4 + 6 + 8 = ☐
7) 8 + 3 + 9 = ☐
8) 8 + 5 + 9 = ☐

Count and add with fingers

1) 6 + 7 = ☐
2) 9 + 8 = ☐
3) 9 + 7 = ☐
4) 7 + 9 = ☐
5) 8 + 7 = ☐
6) 6 + 10 = ☐

7) + 9
   9
   = ☐

8) + 7
   7
   = ☐

9) + 6
   6
   = ☐

10) + 8
    8
    = ☐

Match and colour the numbers then get the answers

+	1	2	3	4	5	6	7	8	9	10	11
1	2	3	4	5	6	7	8	9	10	11	12
2	3	4	5	6	7	8	9	10	11	12	13
3	4	5	6	7	8	9	10	11	12	13	14
4	5	6	7	8	9	10	11	12	13	14	15
5	6	7	8	9	10	11	12	13	14	15	16
6	7	8	9	10	11	12	13	14	15	16	17
7	8	9	10	11	12	13	14	15	16	17	18
8	9	10	11	12	13	14	15	16	17	18	19
9	10	11	12	13	14	15	16	17	18	19	20
10	11	12	13	14	15	16	17	18	19	20	21

1) 1 + 11 = ☐
2) 2 + 10 = ☐
3) ☐ + 9 = 12
4) ☐ + 8 = 12
5) 5 + ☐ = 12
6) 6 + 6 = ☐
7) 7 + 5 = ☐
8) 8 + ☐ = 12
9) 9 + 3 = ☐
10) 10 + ☐ = 12
11) ☐ + 1 = 12

1) 11 + 1 = ☐
2) 10 + 2 = ☐
3) 9 + 3 = ☐
4) 8 + 4 = ☐
5) 7 + 5 = ☐
6) 6 + 6 = ☐
7) 5 + 7 = ☐
8) 4 + 8 = ☐
9) 3 + 9 = ☐
10) 2 + 10 = ☐
11) 1 + 11 = ☐

Connect the numbers and find the answers

+8	1	2	3	4	5	6	7	8	9	10
1	2	3	4	5	6	7	8	9	10	11
2	3	4	5	6	7	8	9	10	11	12
3	4	5	6	7	8	9	10	11	12	13
4	5	6	7	8	9	10	11	12	13	14
5	6	7	8	9	10	11	12	13	14	15
6	7	8	9	10	11	12	13	14	15	16
7	8	9	10	11	12	13	14	15	16	17
8	9	10	11	12	13	14	15	16	17	18
9	10	11	12	13	14	15	16	17	18	19
10	11	12	13	14	15	16	17	18	19	20

1) 1 + 8 = ☐   2) 2 + 8 = ☐
3) 3 + 8 = ☐   4) 4 + 8 = ☐
5) 5 + 8 = ☐   6) 6 + 8 = ☐
7) 7 + 8 = ☐   8) 8 + 8 = ☐
9) 9 + 8 = ☐   10) 10 + 8 = ☐

1) 8 + 1 = ☐
2) ☐ + 2 = 10
3) 8 + ☐ = 11
4) 8 + 4 = ☐
5) 8 + 5 = ☐

6) ☐ + 6 = 14
7) 8 + 7 = ☐
8) 8 + 8 = ☐
9) 8 + ☐ = 17
10) 8 + 10 = ☐

1) 9 + 1 = ☐   2) 9 + 2 = ☐   3) 9 + 3 = ☐   4) 9 + 4 = ☐   5) 9 + 5 = ☐
6) 9 + ☐ = 15   7) ☐ + 7 = 16   8) 9 + ☐ = 17   9) 9 + ☐ = 18   10) 9 + 10 = ☐

1) 10 + 9 = ☐
2) 9 + 9 = ☐
3) 8 + 9 = ☐
4) 7 + 9 = ☐
5) 6 + 9 = ☐
6) 5 + 9 = ☐
7) 4 + 9 = ☐
8) 3 + 9 = ☐
9) 2 + 9 = ☐
10) 1 + 9 = ☐

Colour the pictures and subtract them

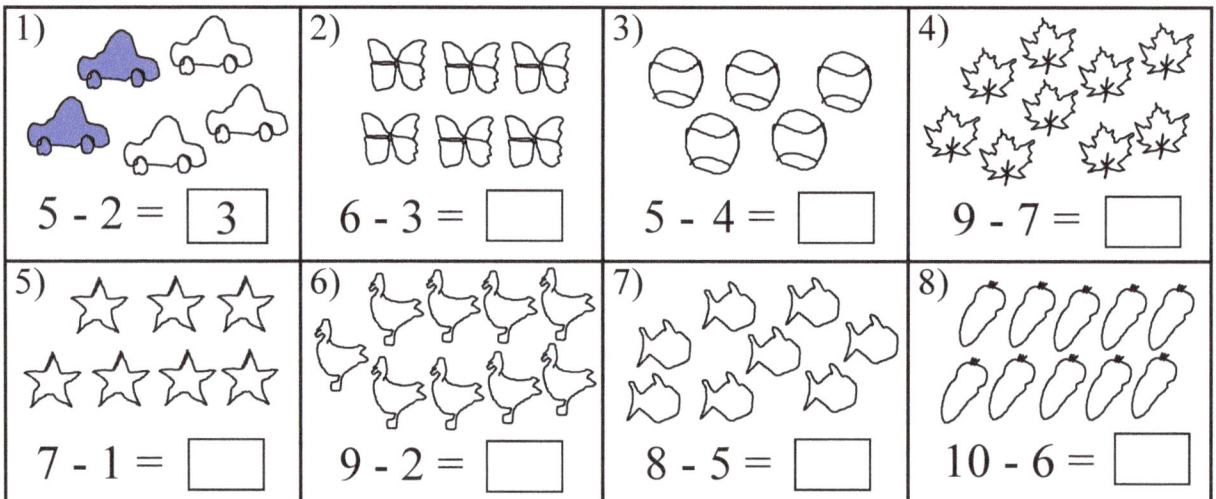

Subtract with coloured squares

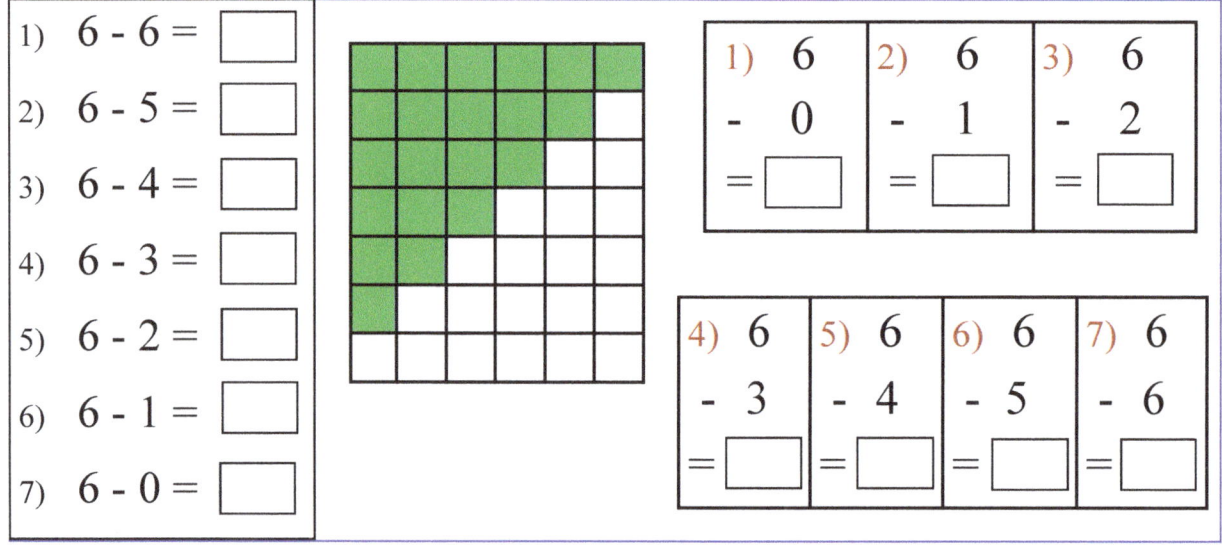

Subtract with coloured pictures

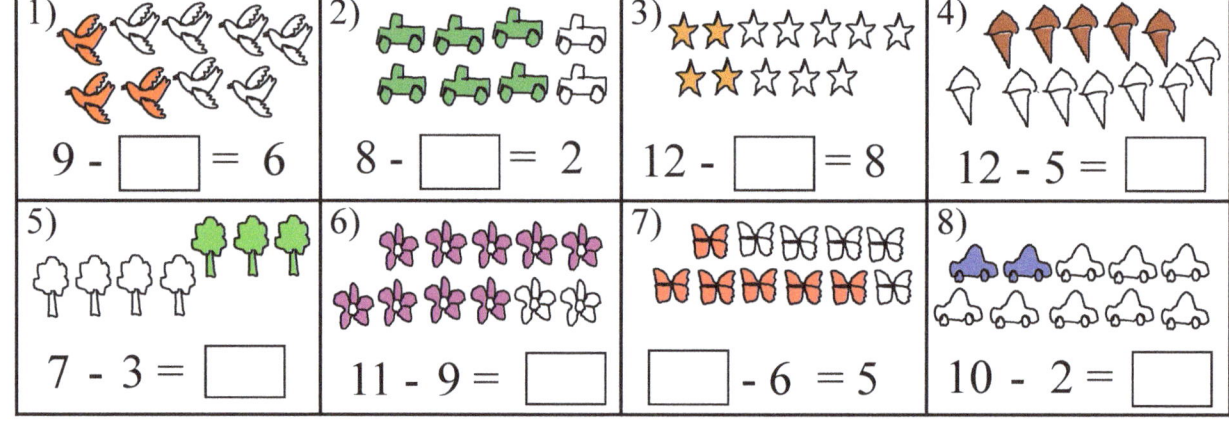

Cut the pictures and subtract them

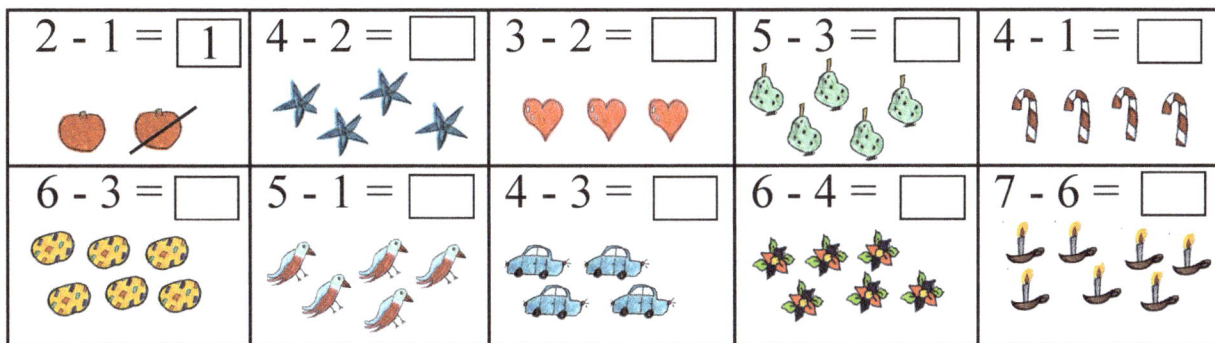

1) 9 - 0 = ☐		1) 9 - 9 = ☐	2) 9 - 8 = ☐
2) 9 - 1 = ☐	Colour the squares and subtract them	3) 9 - 7 = ☐	4) 9 - 6 = ☐
3) 9 - 2 = ☐			
4) 9 - 3 = ☐			
5) 9 - 4 = ☐		5) 9 - 5 = ☐	6) 9 - 4 = ☐
6) 9 - 5 = ☐			
7) 9 - 6 = ☐		7) 9 - 3 = ☐	8) 9 - 2 = ☐
8) 9 - 7 = ☐			
9) 9 - 8 = ☐	Cut the pictures and subtract them	9) 9 - 1 = ☐	10) 9 - 0 = ☐
10) 9 - 9 = ☐			

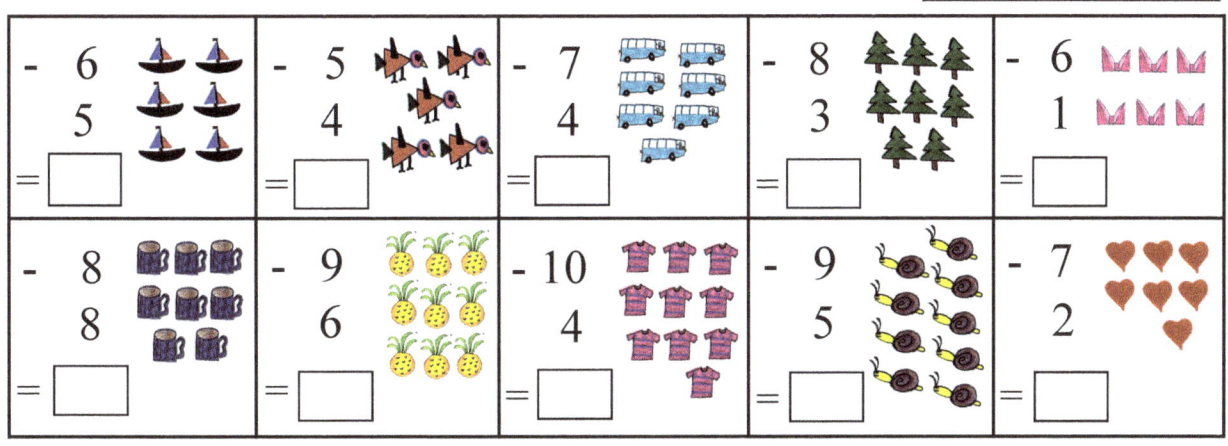

Subtract with number frame

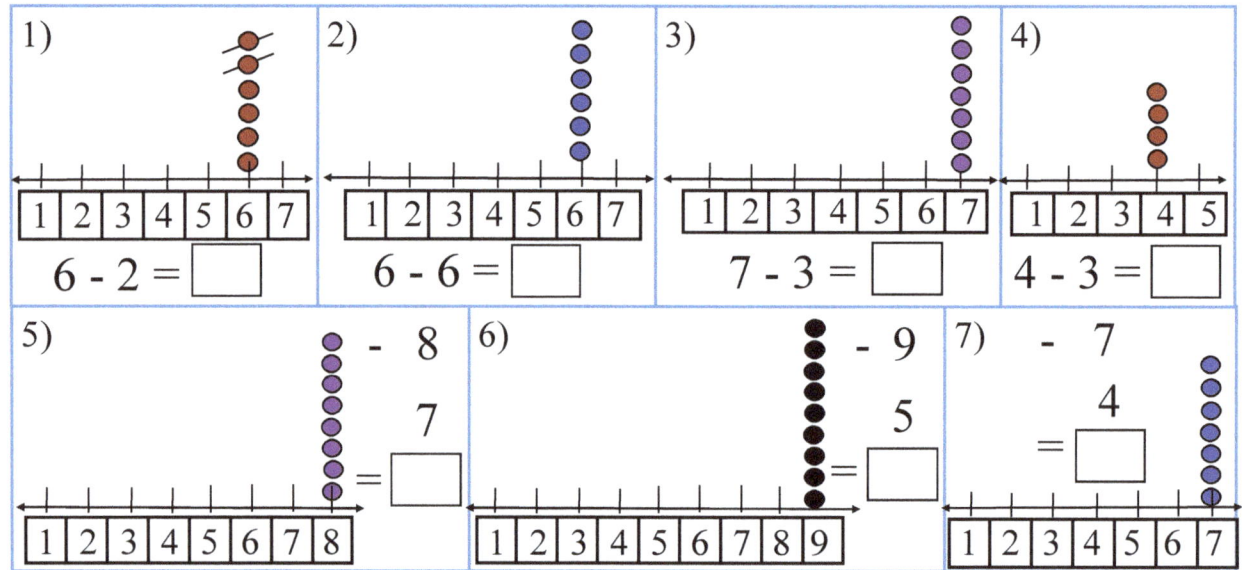

Subtract with Domino

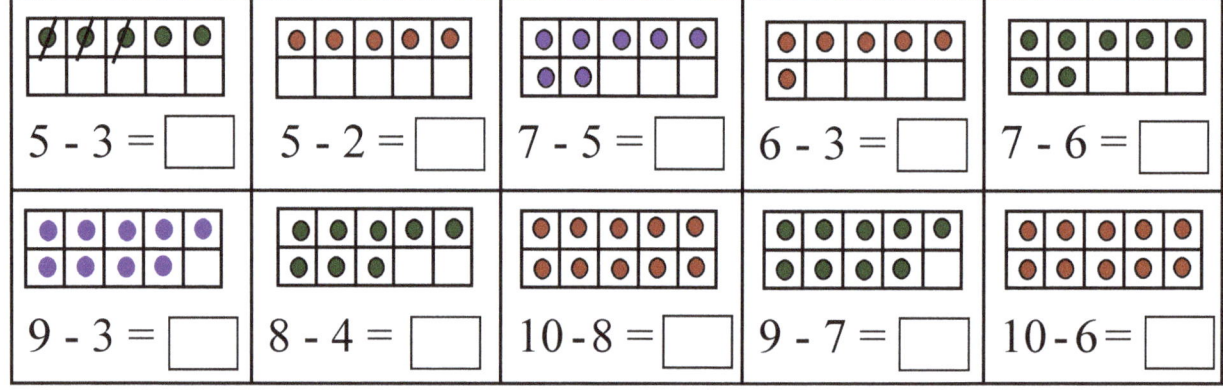

Match the suitable pictures and get the answers

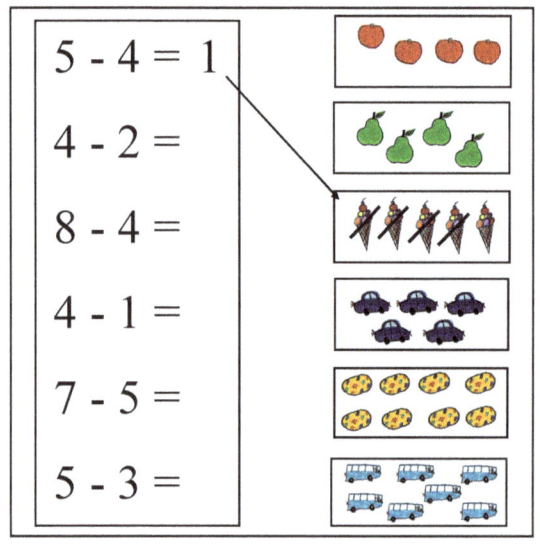

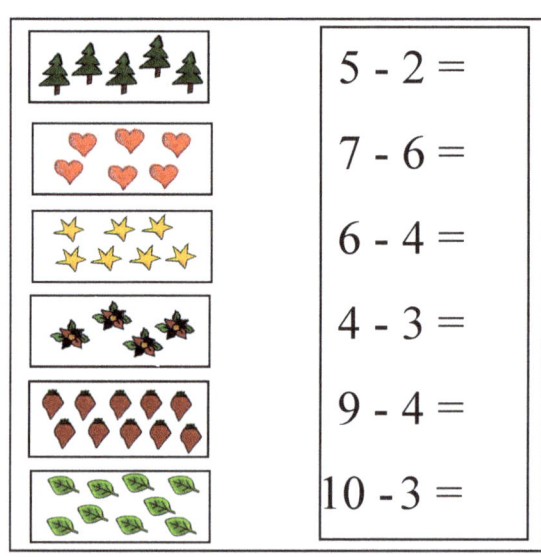

Subtract with number bars and get answers

1) 15 - 4 = ☐ | 1 | 2 | 3 | 4 | 5 | 6 | 7 | 8 | 9 | 10 | **11** | ~~12~~ | ~~13~~ | ~~14~~ | ~~15~~ |

| 1 | 2 | 3 | 4 | 5 | 6 | 7 | 8 | 9 | 10 | 11 | 12 | 13 | 14 | 15 | 16 | 17 | 18 | 19 | 20 |

2) 18 - 9 = ☐

| 1 | 2 | 3 | 4 | 5 | 6 | 7 | 8 | 9 | 10 | 11 | 12 | 13 | 14 | 15 | 16 | 17 | 18 | 19 | 20 |

3) 20 - 13 = ☐

| 1 | 2 | 3 | 4 | 5 | 6 | 7 | 8 | 9 | 10 | 11 | 12 | 13 | 14 | 15 | 16 | 17 | 18 | 19 | 20 |

4) 19 - 11 = ☐

| 1 | 2 | 3 | 4 | 5 | 6 | 7 | 8 | 9 | 10 | 11 | 12 | 13 | 14 | 15 | 16 | 17 | 18 | 19 | 20 |

5) 20 - 15 = ☐

| 1 | 2 | 3 | 4 | 5 | 6 | 7 | 8 | 9 | 10 | 11 | 12 | 13 | 14 | 15 | 16 | 17 | 18 | 19 | 20 |

6) 20 - 9 = ☐

| 1 | 2 | 3 | 4 | 5 | 6 | 7 | 8 | 9 | 10 | 11 | 12 | 13 | 14 | 15 | 16 | 17 | 18 | 19 | 20 |

7) 17 - 8 = ☐

Subtract with number chart and get answers

~~20~~	~~19~~	~~18~~	~~17~~	~~16~~	~~15~~	**14**	13	12	11	10
19	18	17	16	15	14	13	12	11	10	9
18	17	16	15	14	13	12	11	10	9	8
17	16	15	14	13	12	11	10	9	8	7
16	15	14	13	12	11	10	9	8	7	6
15	14	13	12	11	10	9	8	7	6	5
14	13	12	11	10	9	8	7	6	5	4
13	12	11	10	9	8	7	6	5	4	3
12	11	10	9	8	7	6	5	4	3	2
11	10	9	8	7	6	5	4	3	2	1

1) 20 - 6 = 14
2) 19 - 6 = ☐
3) 18 - 6 = ☐
4) 17 - 6 = ☐
5) 16 - 6 = ☐
6) 15 - 6 = ☐
7) 14 - 6 = ☐
8) 13 - 6 = ☐
9) 12 - 6 = ☐
10) 11 - 6 = ☐

Subtract with fingers

1) 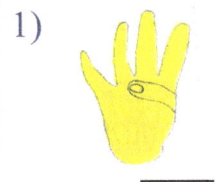	2) 	3) 	4) 	5) 
5 - 1 = ☐	5 - 2 = ☐	5 - 3 = ☐	5 - 4 = ☐	5 - 0 = ☐

6) 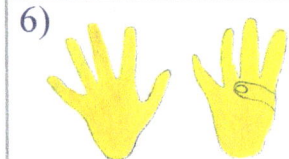	7) 	8) 	9) 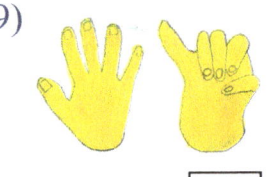
10 - 1 = ☐	10 - 2 = ☐	10 - 3 = ☐	10 - 4 = ☐

1) 10 - 3 = ☐	2) 10 - 4 = ☐	3) 10 - 5 = ☐	4) 10 - 6 = ☐
5) 10 - 7 = ☐	6) 10 - 8 = ☐	7) 10 - 9 = ☐	8) 10 - 10 = ☐

Subtract with number chain and get answers

1) 9 - 5 = ☐	2) 12 - 8 = ☐	3) 10 - 7 = ☐	4) 16 - 4 = ☐	5) 18 - 10 = ☐
6) 21 - 9 = ☐	7) 20 - 11 = ☐	8) 25 - 10 = ☐	9) 19 - 6 = ☐	10) 24 - 12 = ☐

1) 20 - 13 = ☐	2) 19 - 9 = ☐	3) 20 - 10 = ☐	4) 15 - 15 = ☐	5) 23 - 8 = ☐
6) 25 - 10 = ☐	7) 22 - 11 = ☐	8) 24 - 9 = ☐	9) 25 - 12 = ☐	10) 24 - 13 = ☐

Subtract with number chart and get answers

20	19	18	17	16	15	14	13	12
19	18	17	16	15	14	13	12	11
18	17	16	15	14	13	12	11	10
17	16	15	14	13	12	11	10	9
16	15	14	13	12	11	10	9	8
15	14	13	12	11	10	9	8	7
14	13	12	11	10	9	8	7	6
13	12	11	10	9	8	7	6	5
12	11	10	9	8	7	6	5	4
11	10	9	8	7	6	5	4	3
10	9	8	7	6	5	4	3	2
9	8	7	6	5	4	3	2	1

1) 18 - 5 =
2) 17 - 5 =
3) 16 - 5 =
4) 15 - 5 =
5) 14 - 5 =
6) 13 - 5 =
7) 12 - 5 =
8) 11 - 5 =
9) 10 - 5 =
10) 9 - 5 =

1) 20 - 8 =
2) 19 - 8 =
3) 18 - 8 =
4) 17 - 8 =
5) 16 - 8 =
6) 15 - 8 =
7) 14 - 8 =
8) 13 - 8 =
9) 12 - 8 =
10) 11 - 8 =

11) 10 - 8 =
12) 9 - 8 =

Colour the squares and add and subtract them

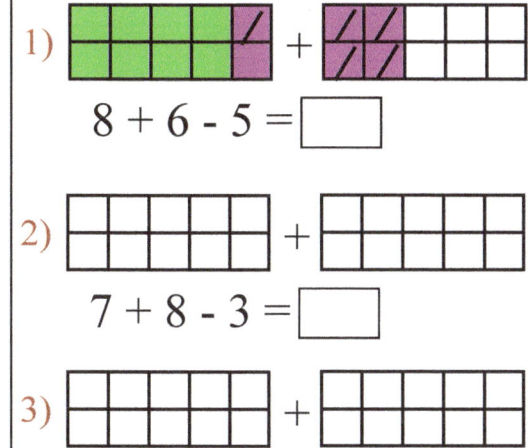

1) 8 + 6 - 5 =
2) 7 + 8 - 3 =
3) 9 + 7 - 6 =

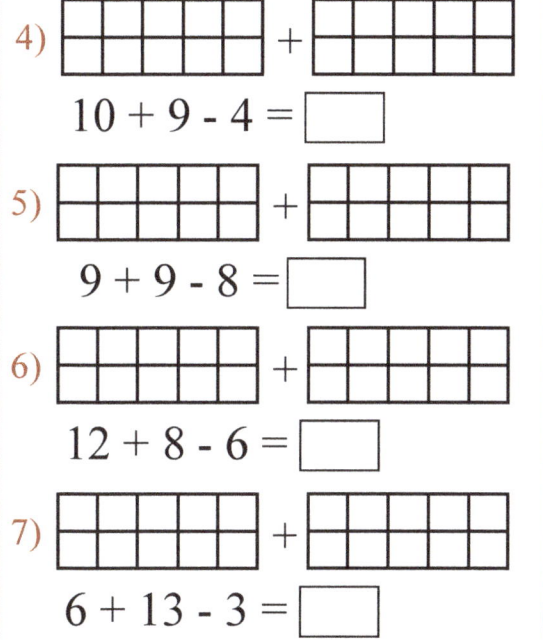

4) 10 + 9 - 4 =
5) 9 + 9 - 8 =
6) 12 + 8 - 6 =
7) 6 + 13 - 3 =

1) 6 + 3 + 2 = ☐
2) 5 + 4 + 3 = ☐
3) 7 + 5 + 6 = ☐
4) 6 + 6 + 6 = ☐
5) 8 + 3 + 7 = ☐
6) 4 + 9 + 4 = ☐

1) 8 + 4 + 3 = ☐
2) 9 + 5 + 2 = ☐
3) 7 + 3 + 9 = ☐
4) 5 + 5 + 8 = ☐
5) 8 + 7 + 5 = ☐
6) 9 + 6 + 2 = ☐

Connect and add with number bars

1) 3 + 3 + 5 = ☐
2) 6 + 5 + 5 = ☐
3) 5 + 3 + 7 = ☐
4) 9 + 4 + 6 = ☐
5) 7 + 6 + 7 = ☐
6) 9 + 8 + 2 = ☐

1) 7 + 4 - 3 = ☐
2) 9 + 5 - 6 = ☐
3) 8 + 7 - 4 = ☐
4) 9 + 9 - 7 = ☐
5) 8 + 8 - 2 = ☐
6) 9 - 4 + 8 = ☐
7) 8 - 5 + 9 = ☐
8) 7 - 6 + 5 = ☐

Add and circle the correct answers

1) 4 ⁞⁞⁞⁞
+ 4 ⁞⁞⁞⁞
  6 ⁞⁞⁞⁞⁞⁞
= 10 (14)
	2) 6
	+ 3
	  7
	= 16 14
		3) 7
		+ 5
		  6
		= 18 16
			4) 3
			+ 8
			  6
			= 10 17
				5) 6
				+ 4
				  8
				= 18 16

6) 7
+ 8
  5
= 20 21
	7) 4
	+ 3
	  9
	= 16 18
		8) 8
		+ 4
		  7
		= 18 19
			9) 8
			+ 8
			  8
			= 24 21
				10) 9
				+ 9
				  8
				= 28 26

Add and get same answers then group them

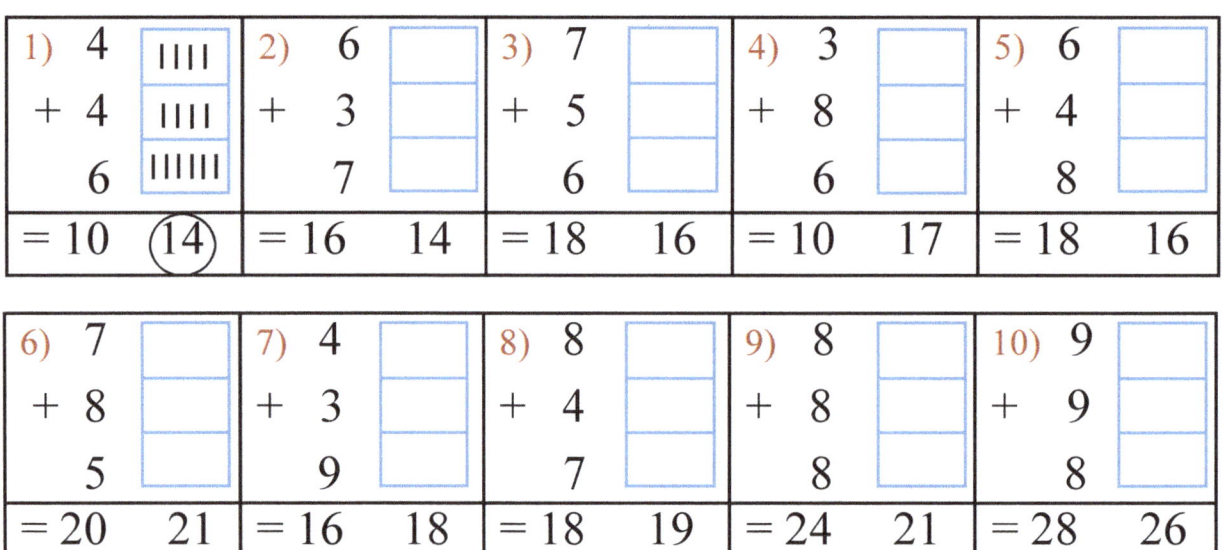

Get the same answer in every side and fill in the missing places

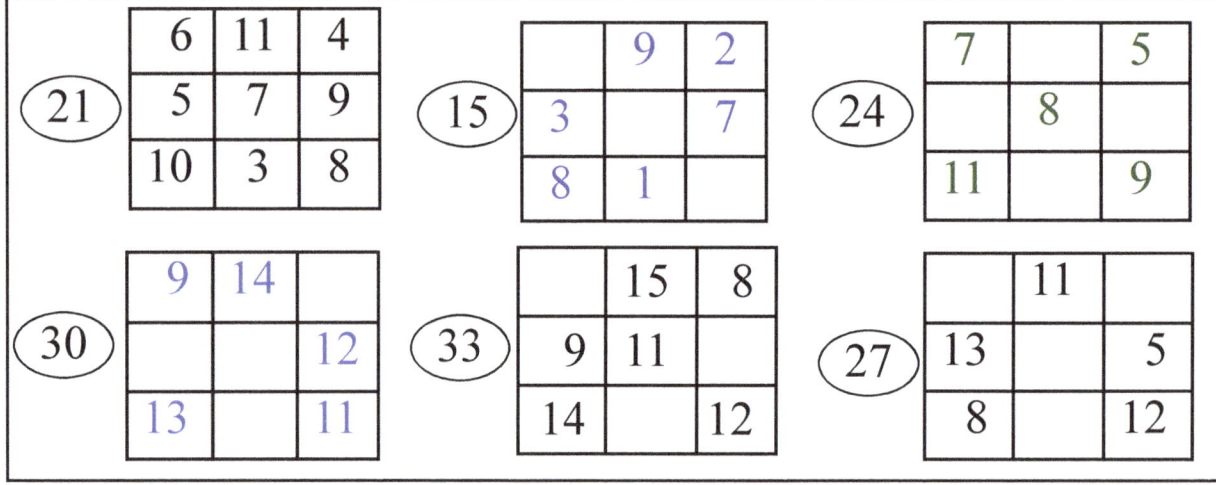

Colour the squares and add them

1) 8+7+3 =
2) 9+5+8 =
3) 7+7+8 =
4) 8+7+9 =
5) 7+6+4 =
6) 5+7+8 =
7) 9+8+8 =
8) 9+9+9 =

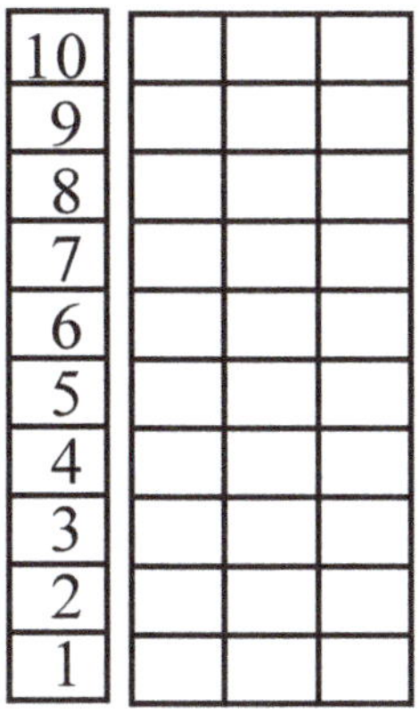

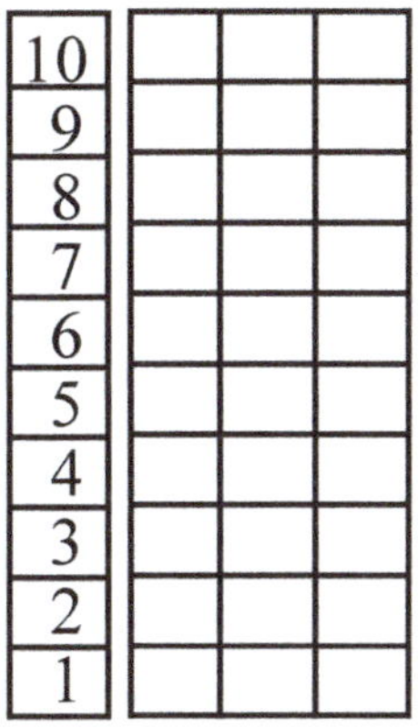

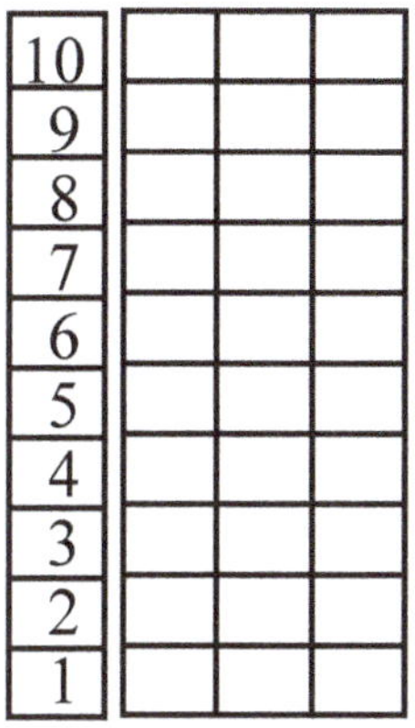

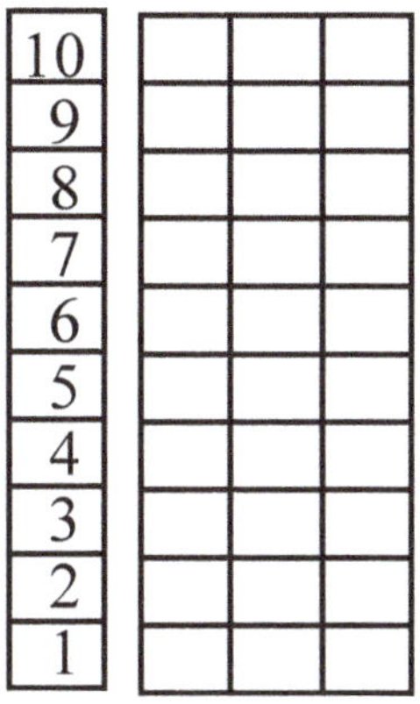

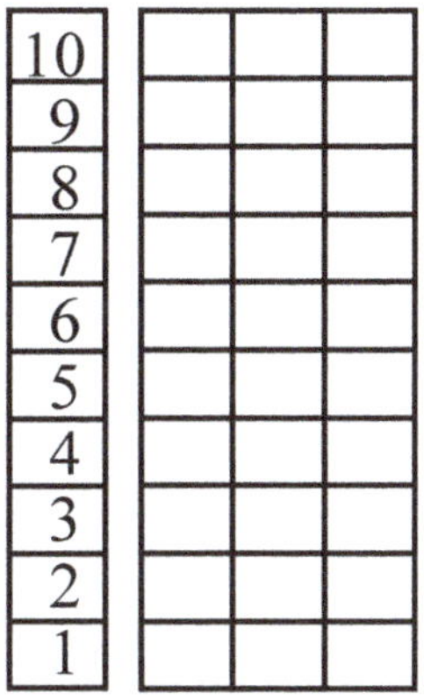

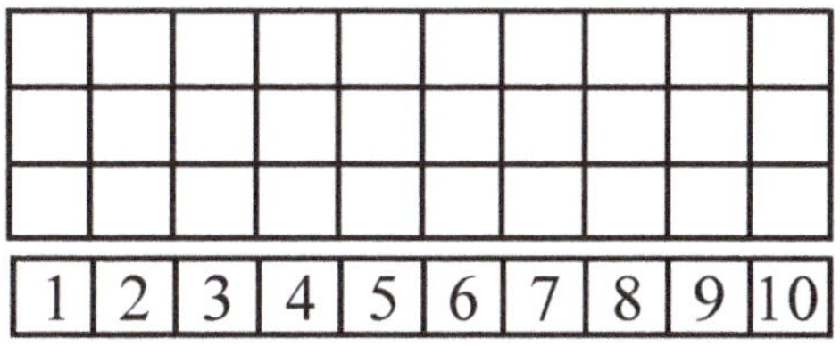

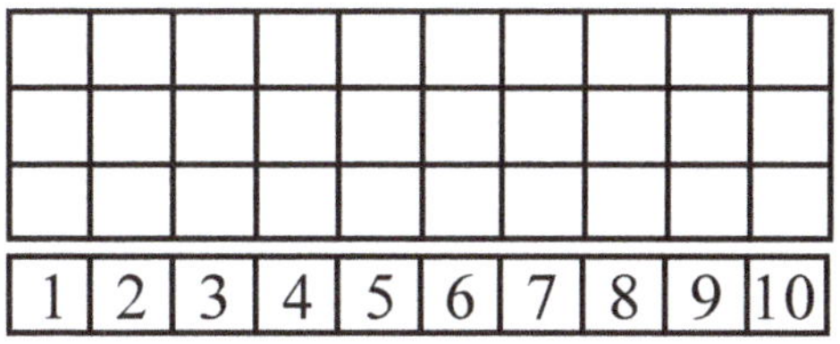

Add and subtract with sticks

1) 5 - 3 + 6 =
2) 7 - 2 + 5 =
3) 8 - 3 + 6 =
4) 7 - 7 + 4 =
5) 5 - 3 + 3 =
6) 6 + 5 - 8 =
7) 9 + 5 - 7 =
8) 11 + 6 - 9 =
9) 6 - 3 + 6 =
10) 10 + 7 - 7 =
11) 5 - 3 + 9 =
12) 9 + 8 - 7 =

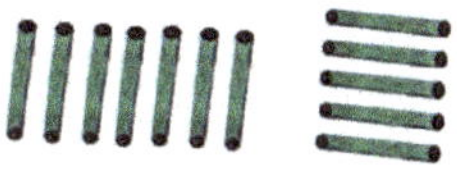

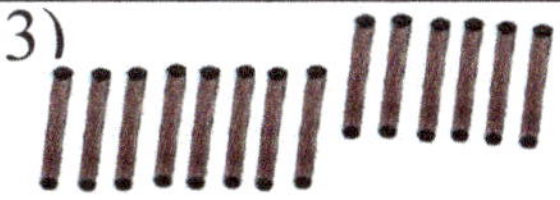

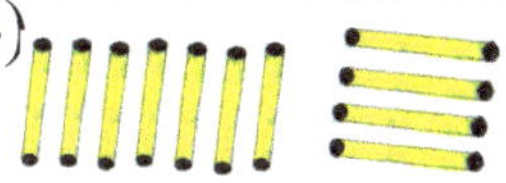

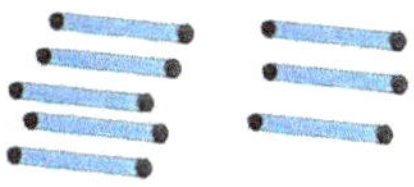

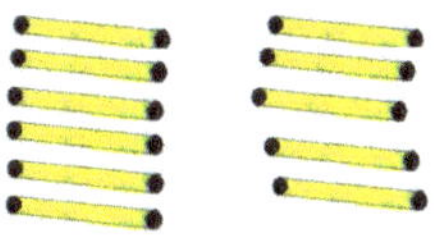

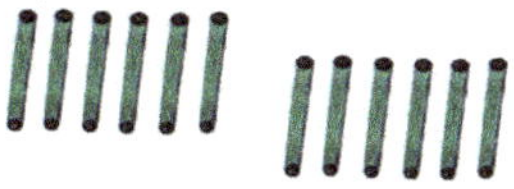

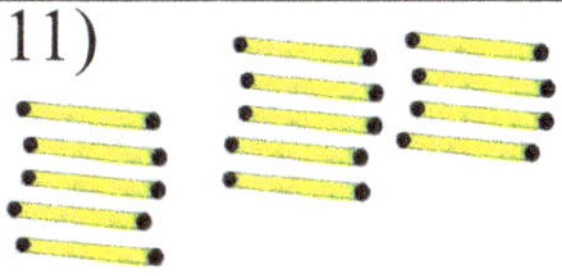

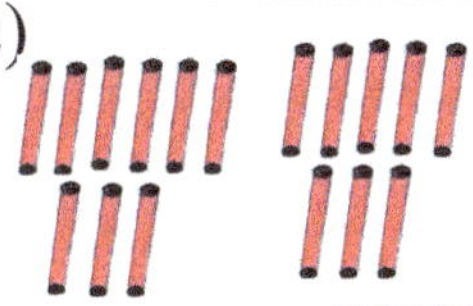

Add with number twist and fill in the missing places

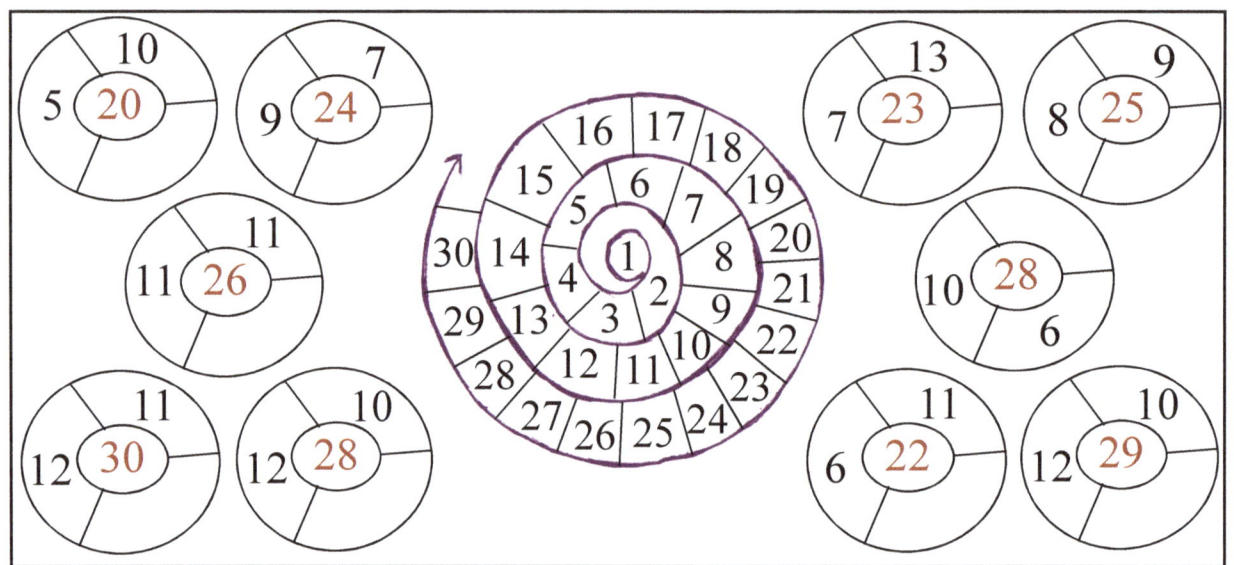

Find and match the answers

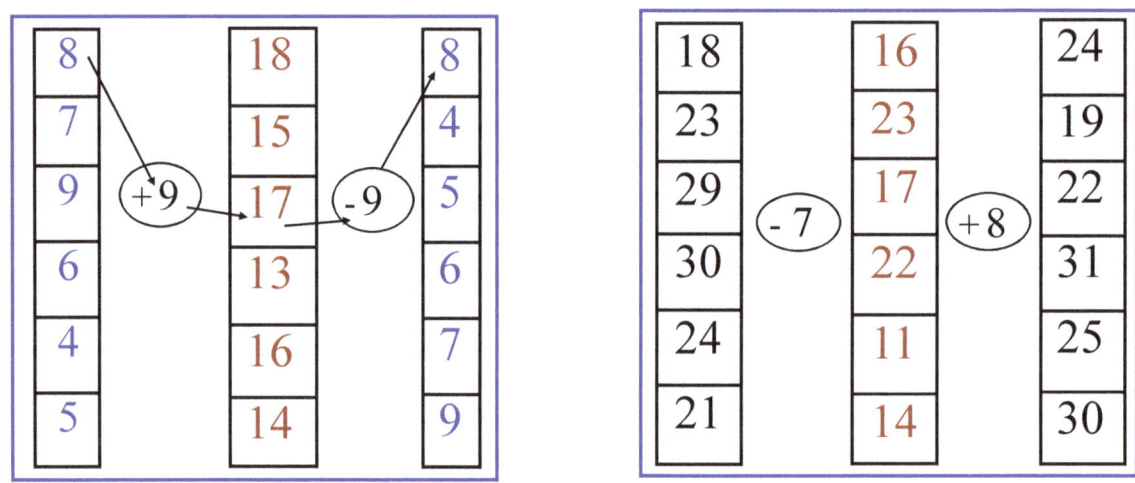

Make equal set of the numbers and get the same answers

8 + 6 + 7 = ☐	☐ + 11 + 9 = 28	12 + 5 + 8 = ☐
8 + 7 + 6 = ☐	8 + ☐ + 11 = 28	12 + 8 + ☐ = 25
7 + 8 + 6 = ☐	9 + 11 + 8 = ☐	8 + ☐ + 5 = 25
7 + ☐ + 8 = 21	9 + ☐ + 11 = 28	8 + 5 + 12 = ☐
6 + 7 + ☐ = 21	11 + 8 + ☐ = 28	5 + 8 + ☐ = 25
☐ + 8 + 7 = 21	11 + 9 + 8 = ☐	☐ + 12 + 8 = 25

Count and add with patterns

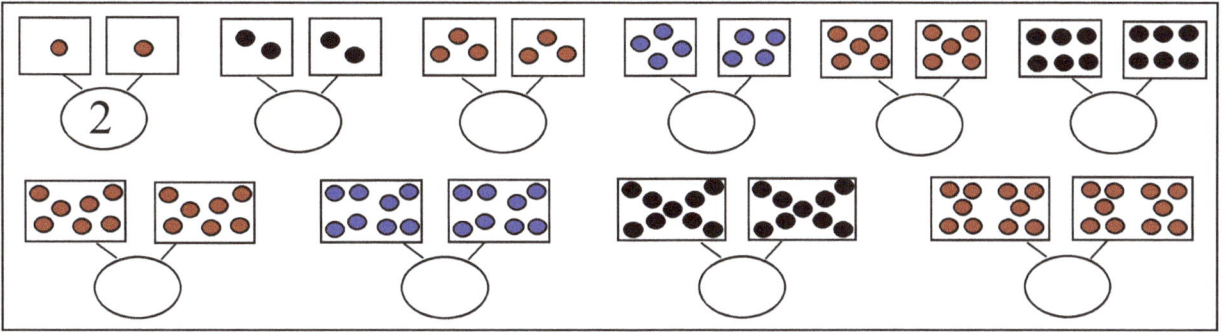

Match and add with pattern

+	1	2	3	4	5	6	7	8	9	10	11	12	13
1	2	3	4	5	6	7	8	9	10	11	12	13	14
2	3	4	5	6	7	8	9	10	11	12	13	14	15
3	4	5	6	7	8	9	10	11	12	13	14	15	16
4	5	6	7	8	9	10	11	12	13	14	15	16	17
5	6	7	8	9	10	11	12	13	14	15	16	17	18
6	7	8	9	10	11	12	13	14	15	16	17	18	19
7	8	9	10	11	12	13	14	15	16	17	18	19	20
8	9	10	11	12	13	14	15	16	17	18	19	20	21
9	10	11	12	13	14	15	16	17	18	19	20	21	22
10	11	12	13	14	15	16	17	18	19	20	21	22	23
11	12	13	14	15	16	17	18	19	20	21	22	23	24
12	13	14	15	16	17	18	19	20	21	22	23	24	25
13	14	15	16	17	18	19	20	21	22	23	24	25	26

1) 1 + 1 = ☐
2) 2 + 2 = ☐
3) 3 + ☐ = 6
4) 4 + 4 = ☐
5) ☐ + 5 = 10
6) 6 + 6 = ☐

7) 7 + 7 = ☐
8) 8 + ☐ = 16
9) 9 + 9 = ☐
10) 10 + 10 = ☐
11) 11 + ☐ = 22
12) ☐ + 12 = 24
13) 13 + 13 = ☐

1) 5 + 5 = ☐
2) 6 + 6 = ☐
3) 7 + 7 = ☐
4) 8 + 8 = ☐
5) 9 + 9 = ☐
6) 10 + 10 = ☐
7) 11 + 11 = ☐
8) 12 + 12 = ☐
9) 13 + 13 = ☐

Add with patterns and fill in the missing places

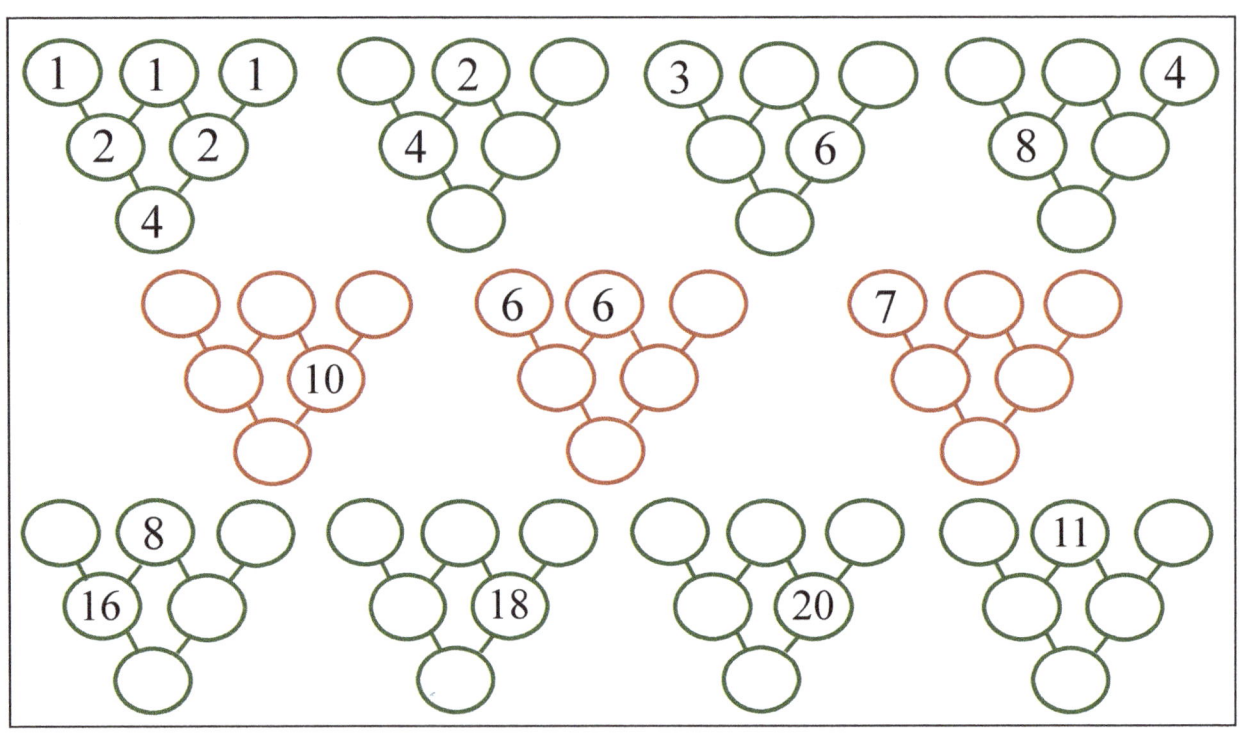

1) 3 + 3 = ☐	2) 2 + 2 = ☐	3) 5 + 5 = ☐	4) 4 + 4 = ☐	5) 7 + 7 = ☐	6) 8 + 8 = ☐	7) 6 + 6 = ☐
8) 11 + 11 = ☐	9) 9 + 9 = ☐	10) 12 + 12 = ☐	11) 10 + 10 = ☐	12) 14 + 14 = ☐	13) 13 + 13 = ☐	14) 15 + 15 = ☐

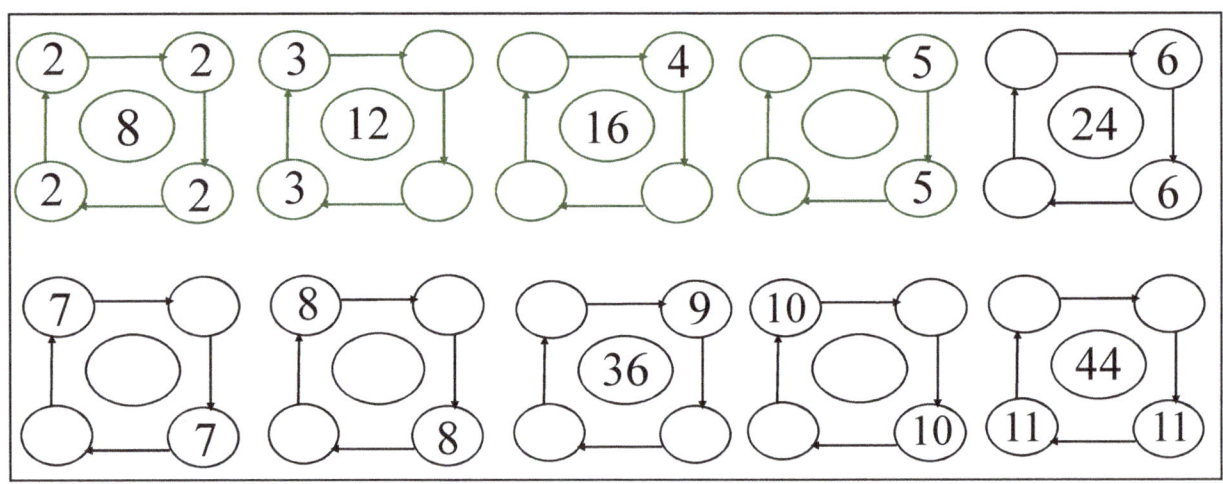

Subtract with number charts

20	10
19	9
18	8
17	7
16	6
15	5
14	4
13	3
12	2
11	1

19 - 6 = 13

30	20	10
29	19	9
28	18	8
27	17	7
26	16	6
25	15	5
24	14	4
23	13	3
22	12	2
21	11	1

22 - 9 = ☐

30	20	10
29	19	9
28	18	8
27	17	7
26	16	6
25	15	5
24	14	4
23	13	3
22	12	2
21	11	1

26 - 11 = ☐

40	30	20	10
39	29	19	9
38	28	18	8
37	27	17	7
36	26	16	6
35	25	15	5
34	24	14	4
33	23	13	3
32	22	12	2
31	21	11	1

37 - 12 = ☐

40	39	38	37	36	35	34	33	32	31
30	29	28	27	26	25	24	23	22	21
20	19	18	17	16	15	14	13	12	11
10	9	8	7	6	5	4	3	2	1

40 - 15 = ☐

50	49	48	47	46	45	44	43	42	41
40	39	38	37	36	35	34	33	32	31
30	29	28	27	26	25	24	23	22	21
20	19	18	17	16	15	14	13	12	11
10	9	8	7	6	5	4	3	2	1

50 - 13 = ☐

50	40	30	20	10
49	39	29	19	9
48	38	28	18	8
47	37	27	17	7
46	36	26	16	6
45	35	25	15	5
44	34	24	14	4
43	33	23	13	3
42	32	22	12	2
41	31	21	11	1

45 - 10 = ☐

Find these answers and match them

	- 8	
16		21
27		24
29		8
30		19
28		22
48		40
32		20

40 -		
	9	25
	11	29
	15	31
	12	30
	7	28
	10	15
	25	33

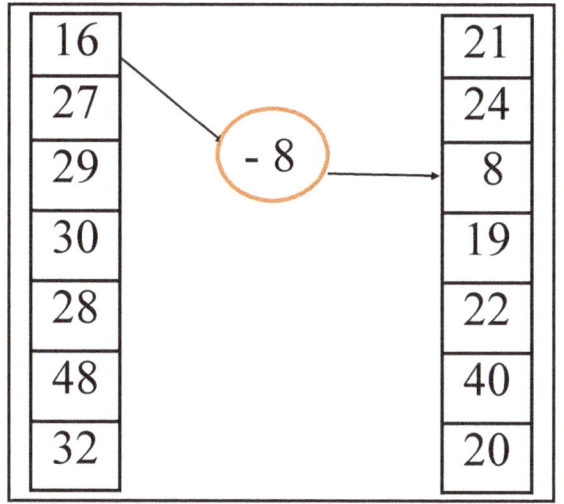

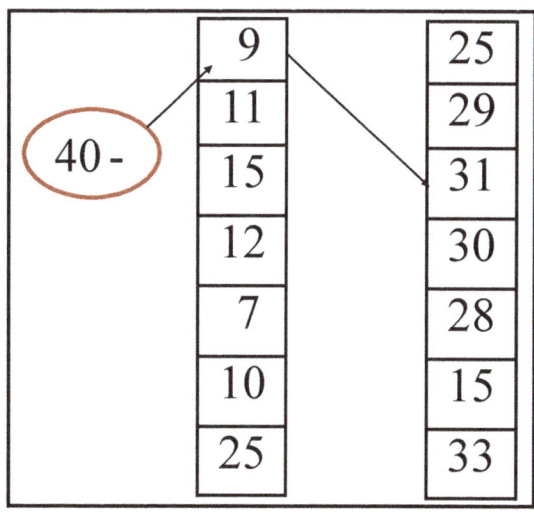

Add and subtract with number bars

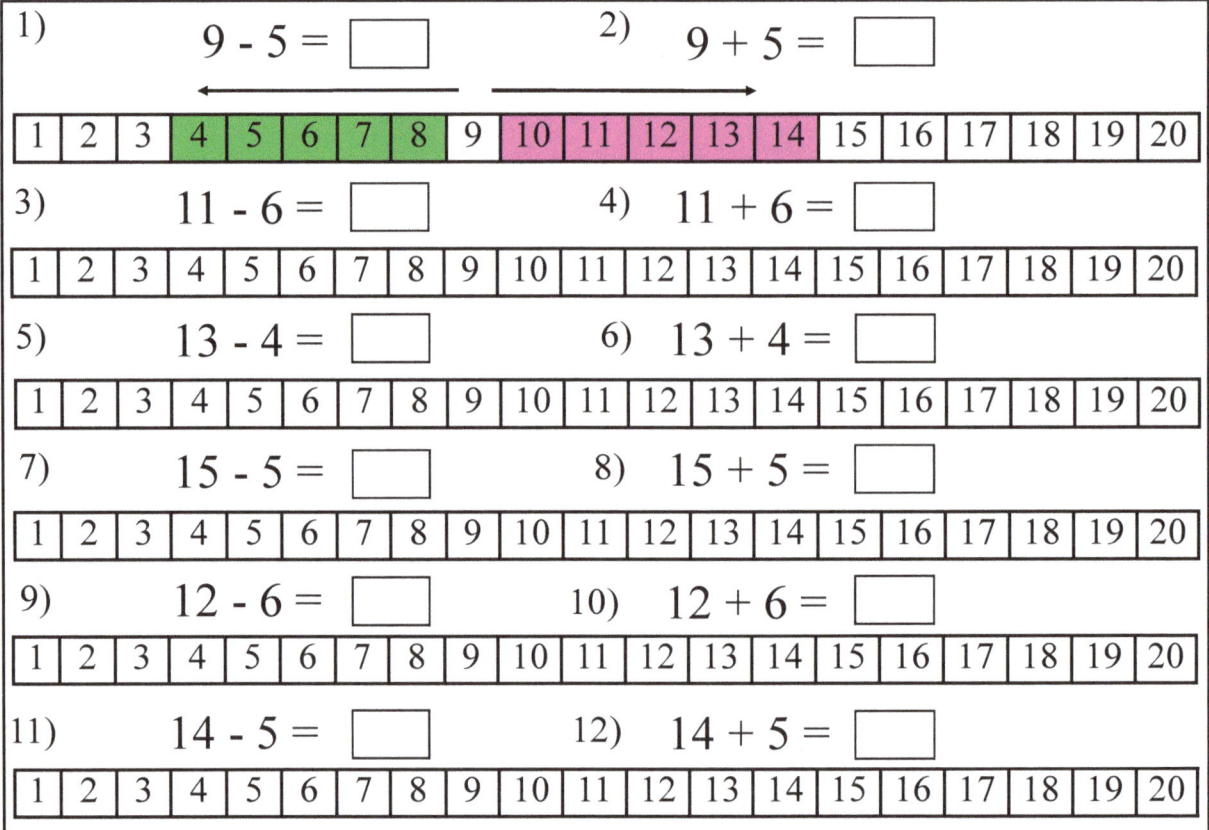

Count and add with sticks

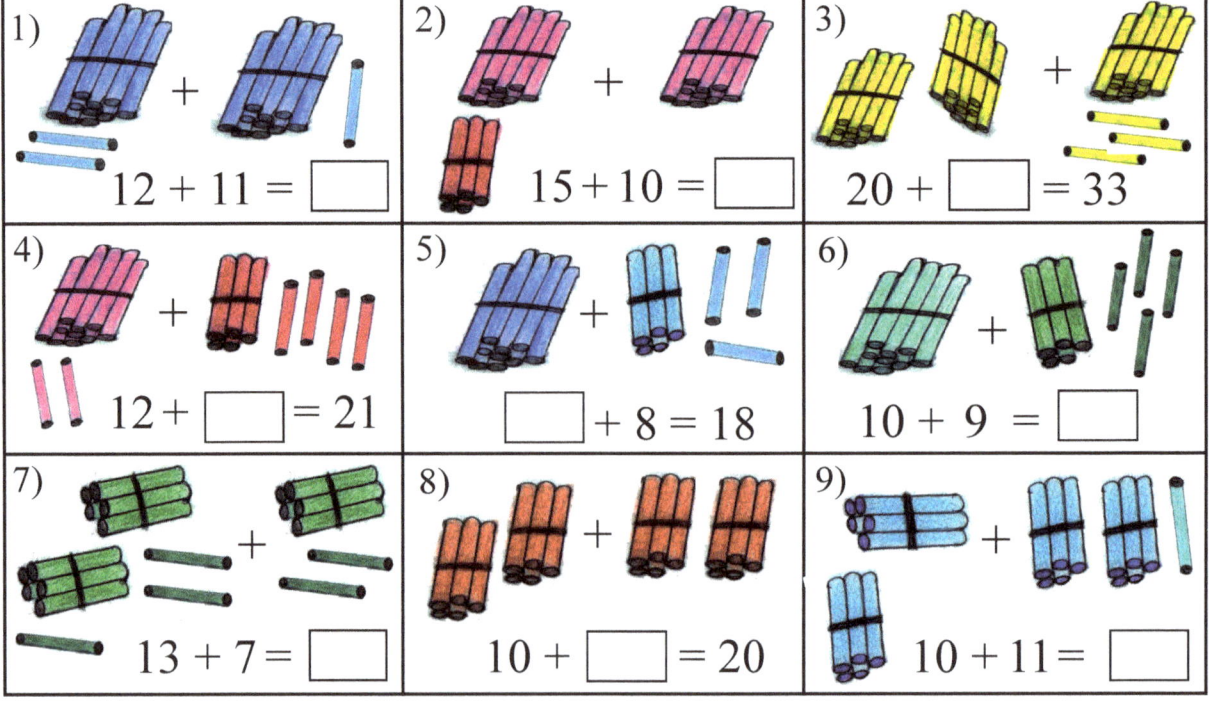

Add with beads and find the pattern and fill in the missing places

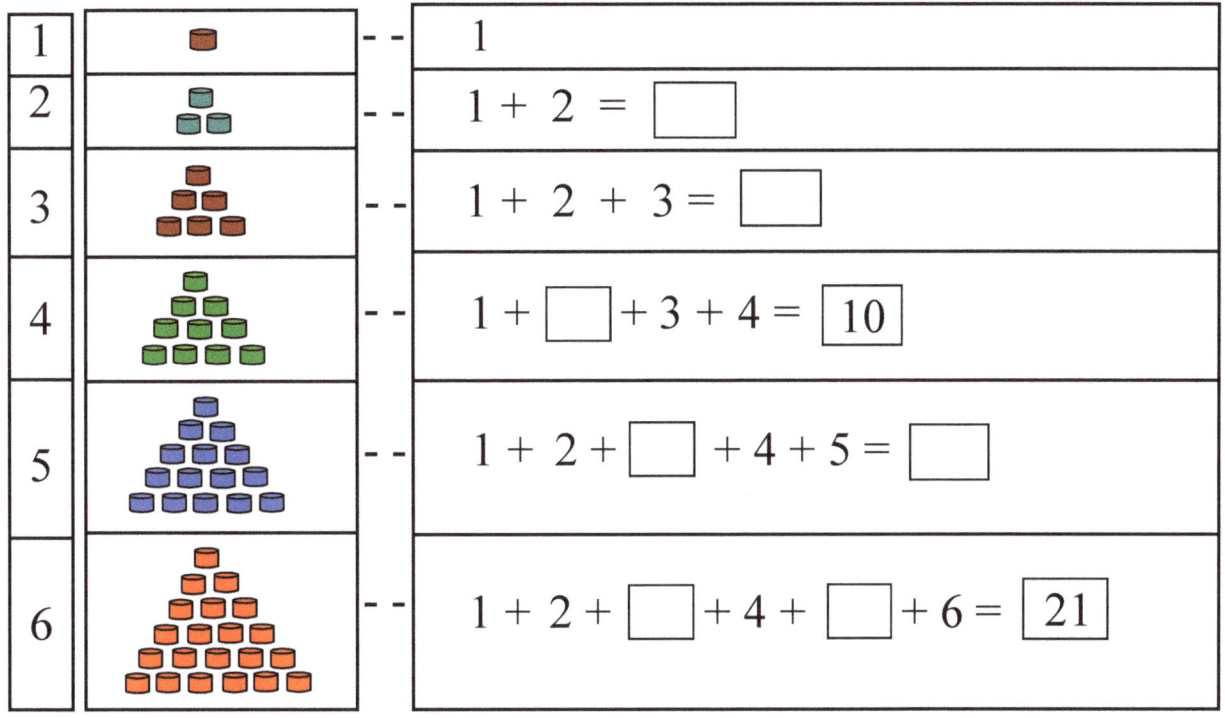

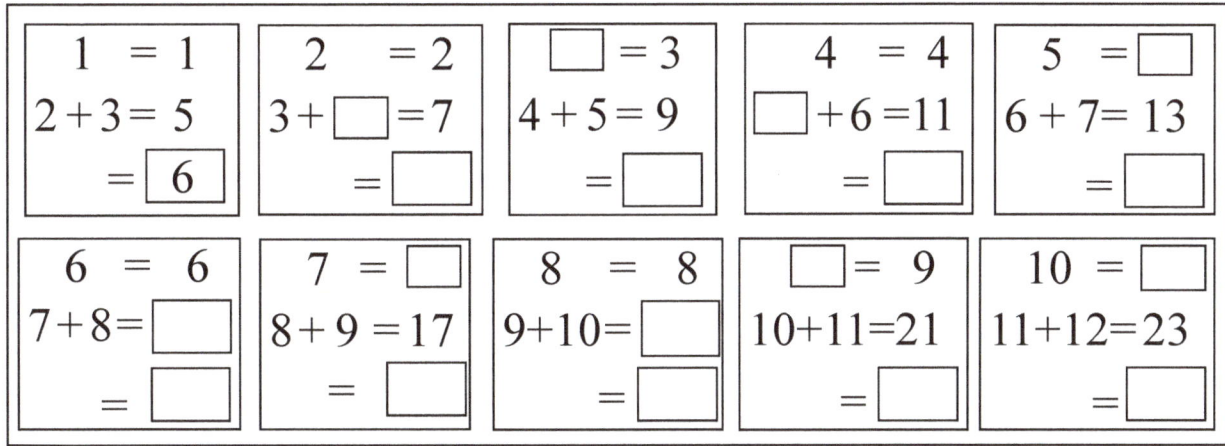

Add and get same answers then group them

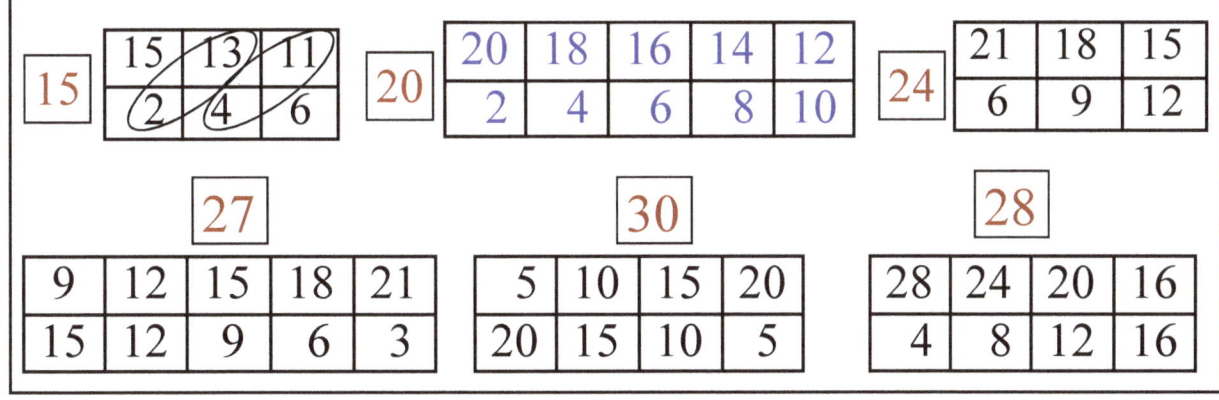

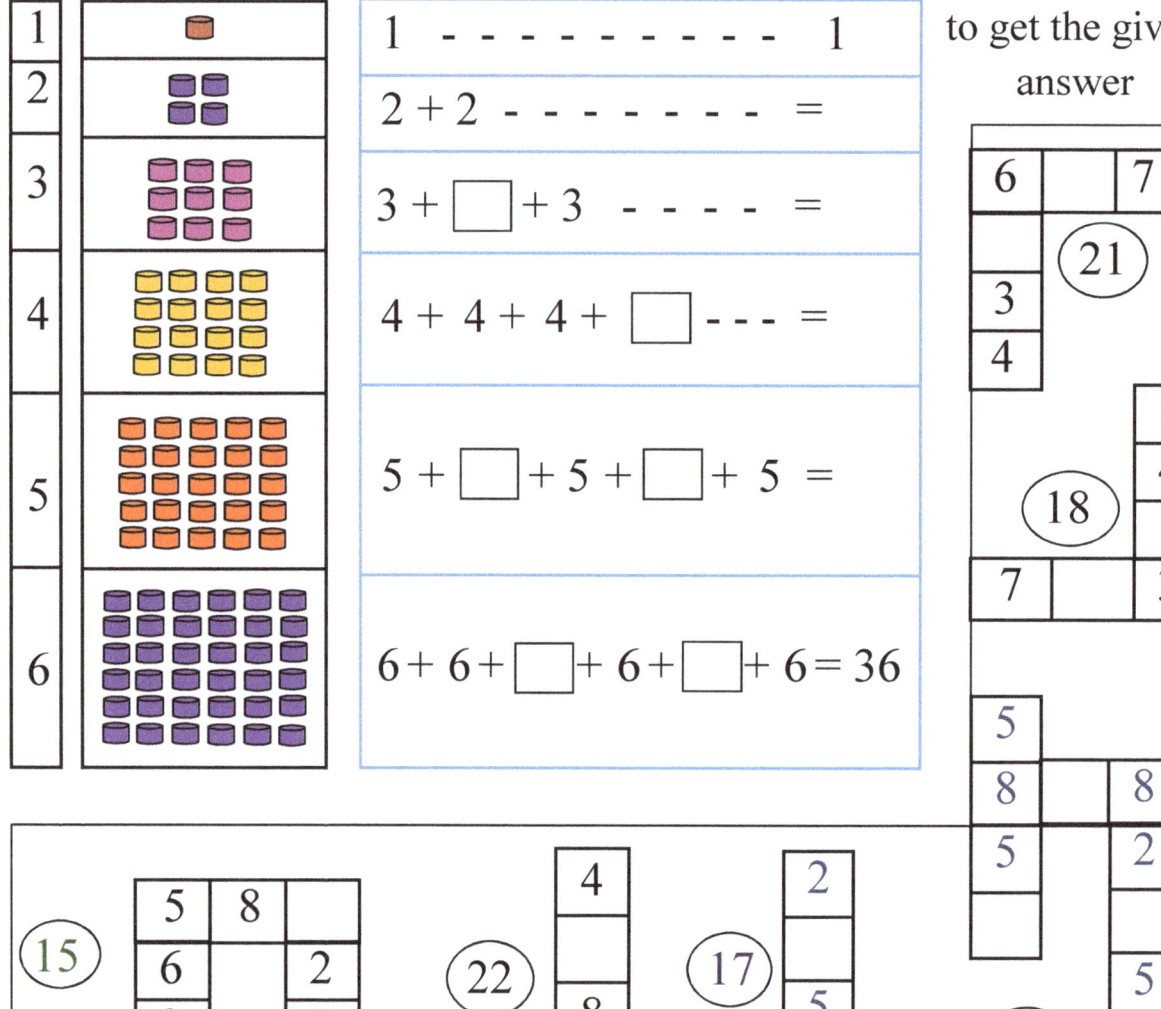

Make equal sets and get the same answers

4 + 5 = 9 5 + 4 = 9 9 + 9 = 18	7 + 6 = 13 6 + 7 = 13 13 + ☐ = ☐	9 + 7 = 16 7 + 9 = ☐ ☐ + ☐ = 32	5 + 5 = 10 5 + 5 = ☐ ☐ + 10 = ☐
11 + 3 = ☐ 3 + ☐ = 14 ☐ + 14 = ☐	10 + 5 = ☐ 5 + 10 = 15 ☐ + 15 = ☐	13 + 4 = ☐ 4 + 13 = 17 17 + ☐ = 34	8 + 12 = ☐ ☐ + 8 = 20 20 + 20 = ☐

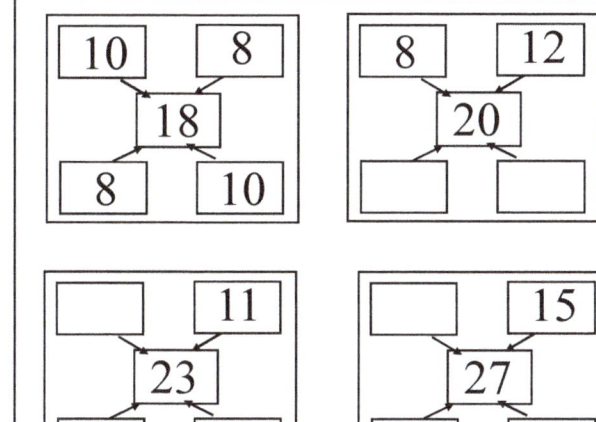
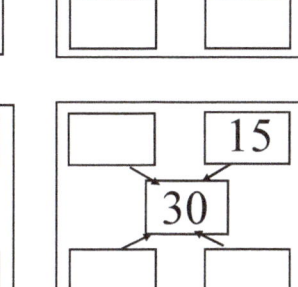
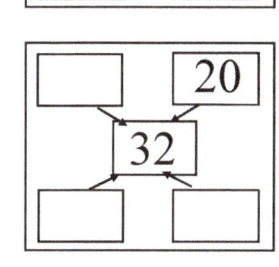

Find the numbers value and subtract them

50 + 8 = 58 20 + 4 = 24 30 + 4 = ☐	30 + 6 = 36 10 + 2 = 12 20 + 4 = ☐	60 + 4 = 64 20 + 3 = 23 ☐ + 1 = ☐	70 + 7 = 77 50 + ☐ = 53 20 + 4 = ☐

80 + ☐ = 89 ☐ + 6 = 76 ☐ + ☐ = ☐	30 + 50 + 5 = 85 20 + 10 + 3 = 33 ☐ + ☐ + ☐ = ☐	☐ + 20 + 8 = 78 20 + ☐ + 3 = ☐ 30 + 10 + ☐ = 45

Count the minutes and add them

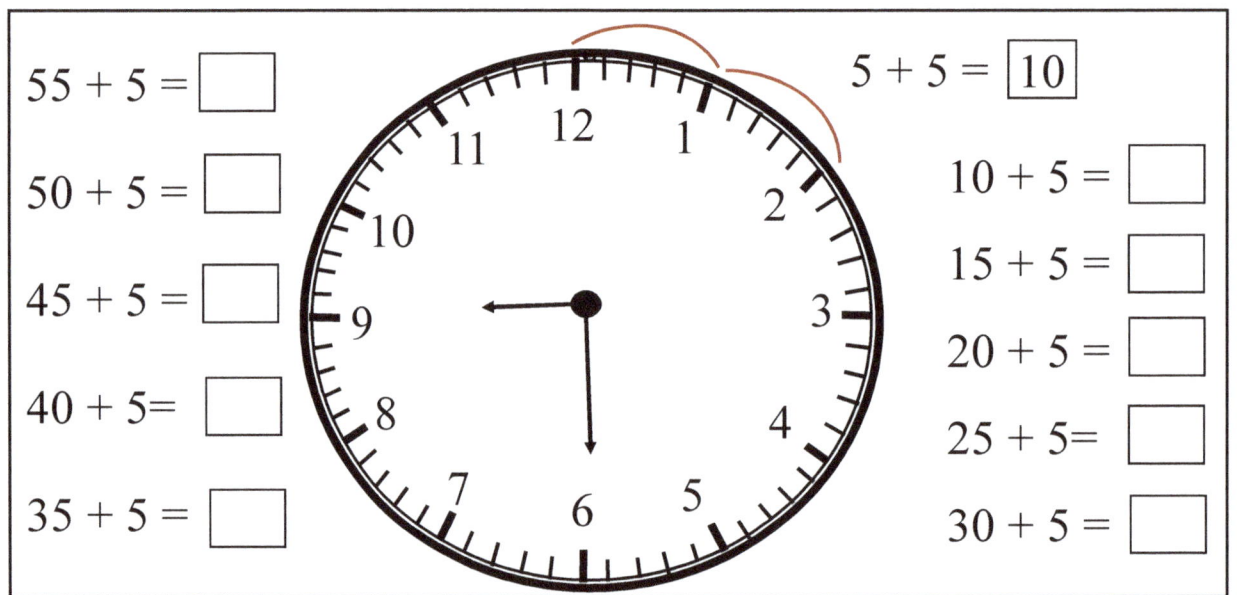

55 + 5 = ☐
50 + 5 = ☐
45 + 5 = ☐
40 + 5 = ☐
35 + 5 = ☐

5 + 5 = 10
10 + 5 = ☐
15 + 5 = ☐
20 + 5 = ☐
25 + 5 = ☐
30 + 5 = ☐

Add and subtract with pattern then fill in the missing places

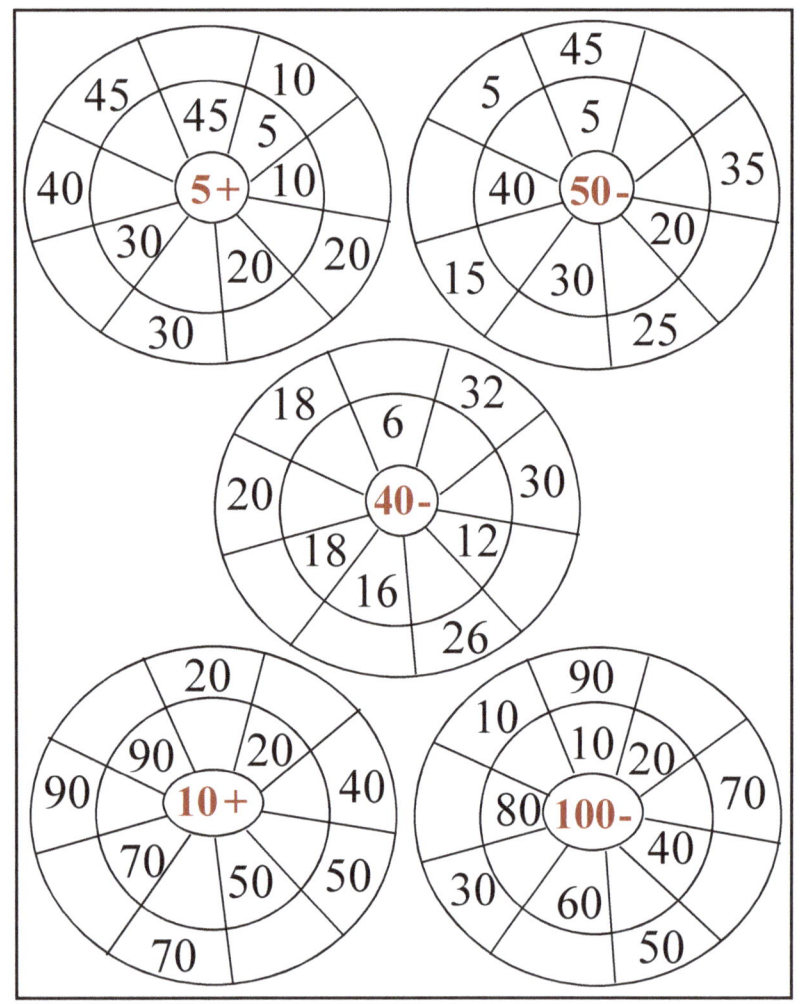

Write the suitable symbols in the boxes

1) 5 ☐ 6 = 11
2) 8 ☐ 7 = 15
3) 12 ☐ 6 = 6
4) 19 ☐ 8 = 11

5) 25 ☐ 12 = 13
6) 36 ☐ 16 = 20
7) 44 ☐ 11 = 55
8) 40 ☐ 20 = 20

9) 11 ☐ 10 = 21
10) 23 ☐ 18 = 5
11) 17 ☐ 11 = 6
12) 25 ☐ 10 = 35

Find the place value with beads and write the answers

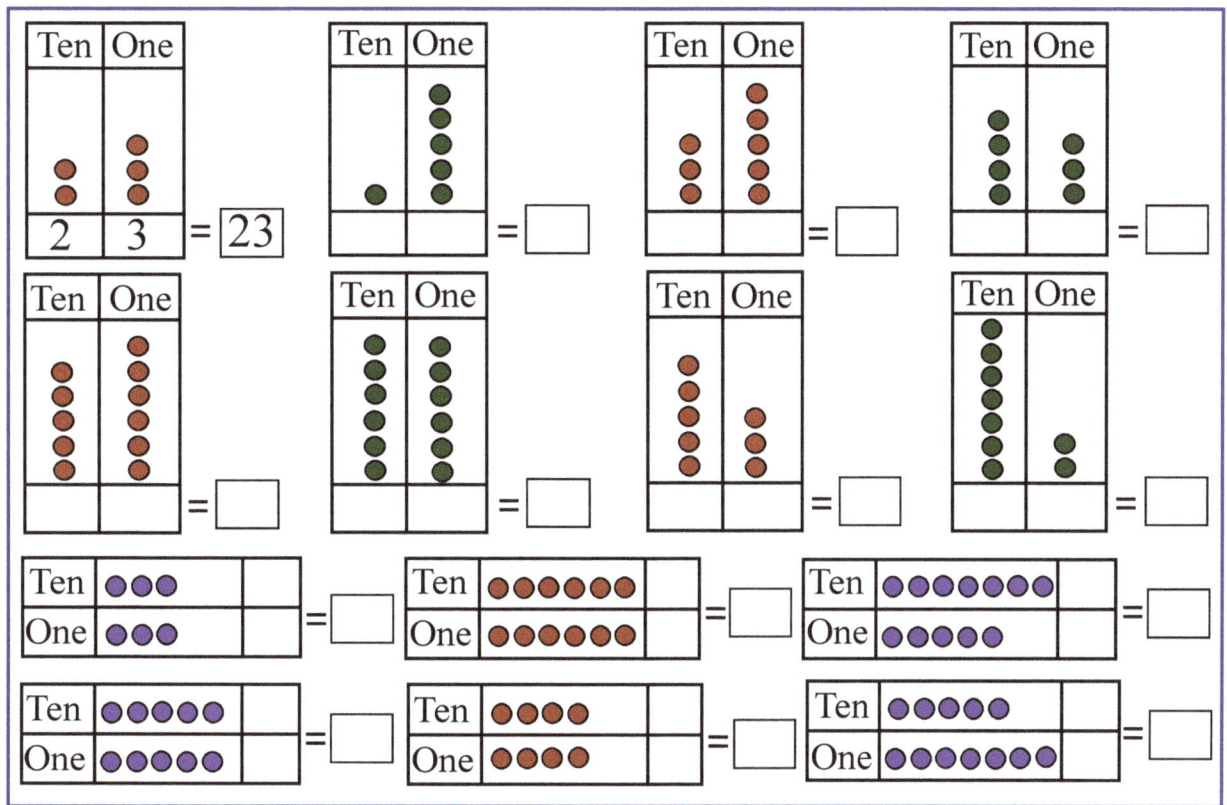

Ten	One	
3	6	30 + 6 = 36
4	2	
6	3	
7	8	
5	0	
0	8	

Hundred	Ten	One	
2	4	2	200 + 40 + 2 = 242
4	6	0	
3	4	8	
0	3	6	
8	7	2	
9	0	1	

Numbers	Ten	One
7 6		
8 4		
4 8		
0 5		

Numbers	Ten	One
0 6		
6 3		
8 0		
9 9		

Numbers	Hundred	Ten	One
1 6 8			
5 4 4			
7 4 0			
6 0 0			

Add double digits in horizontal way

First add one digit row.
Then add ten digit row.

Tens	Ones		Tens	Ones		Tens	Ones
3	4	+	4	5	=		

1)
Tens	Ones		Tens	Ones		Tens	Ones
4	2	+	3	2	=		

2)
Tens	Ones		Tens	Ones		Tens	Ones
5	4	+	4	2	=		

3)
Tens	Ones		Tens	Ones		Tens	Ones
7	4	+	1	3	=		

4)
Tens	Ones		Tens	Ones		Tens	Ones
1	5	+	6	4	=		

5)
Tens	Ones		Tens	Ones		Tens	Ones
3	6	+	3	1	=		

1) 18 + 11 = ☐☐   2) 36 + 22 = ☐☐
3) 24 + 34 = ☐☐
4) 32 + 43 = ☐☐   5) 16 + 61 = ☐☐
6) 25 + 43 = ☐☐
7) 63 + 33 = ☐☐   8) 43 + 34 = ☐☐
9) 55 + 33 = ☐☐
10) 39 + 50 = ☐☐   11) 21 + 46 = ☐☐
12) 41 + 38 = ☐☐
13) 30 + 40 = ☐☐   14) 40 + 44 = ☐☐

Find the numbers value and add them

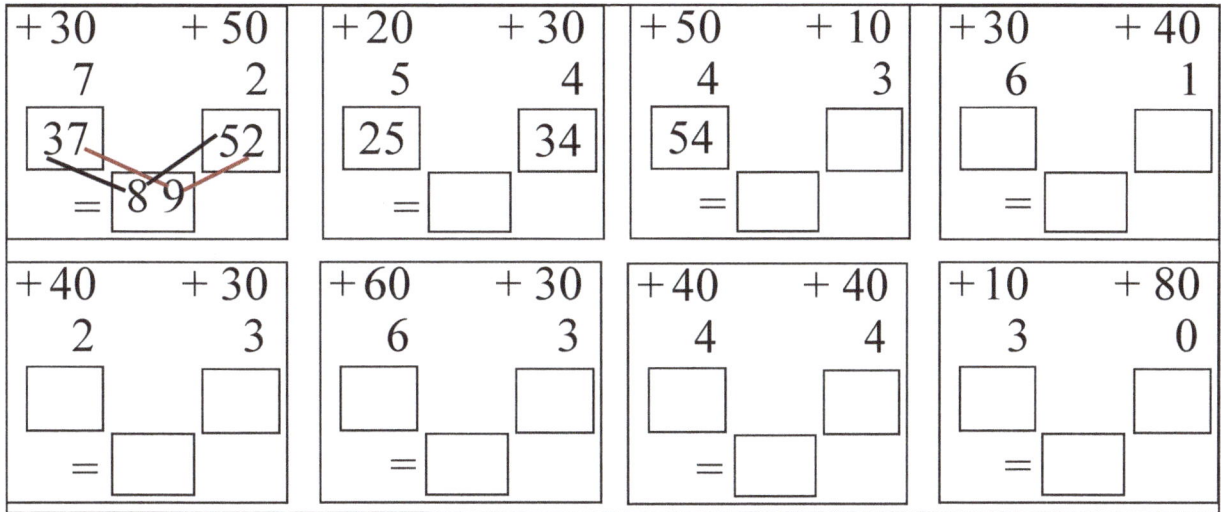

Add double digit with blocks

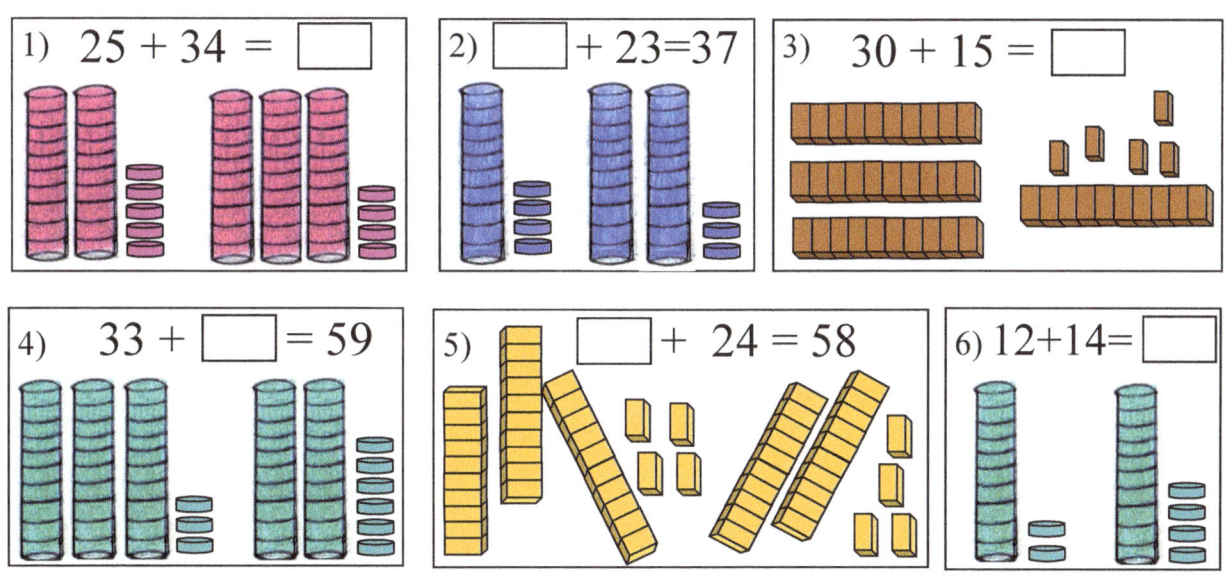

Subtract with tens and ones

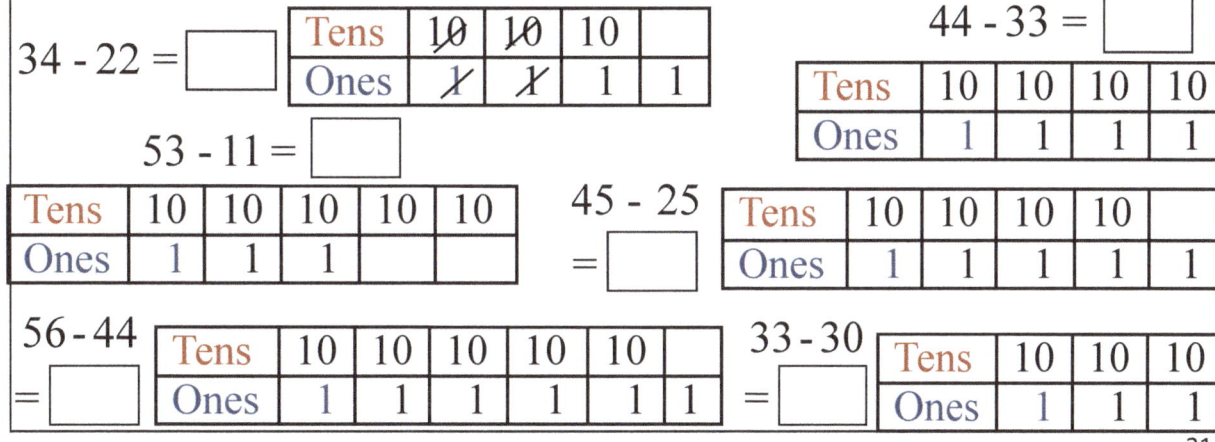

Add double digits in vertical way

Tens	Ones
1	4
+ 2	2
= 3	6

First add one digit column.
Then add ten digit column.

1)
Tens	Ones
2	4
+ 4	2
=	

2)
Tens	Ones
4	4
+ 2	3
=	

3)
Tens	Ones
1	8
+ 6	1
=	

4)
Tens	Ones
1	7
+ 2	2
=	

5)
Tens	Ones
3	1
+ 6	5
=	

6)
Tens	Ones
5	4
+ 3	2
=	

7)
Tens	Ones
7	7
+ 1	1
=	

8)
Tens	Ones
5	5
+ 2	2
=	

9)
Tens	Ones
6	2
+ 2	5
=	

10)
Tens	Ones
4	3
+ 3	3
=	

1) 33 + 42 = ☐
2) 42 + ☐☐ = 54
3) 63 + 36 = ☐
4) 48 + 31 = ☐
5) 65 + ☐☐ = 87
6) 35 + 41 = ☐
7) 24 + ☐☐ = 78

Add double digits with zero

1) 50 + 30 = ☐
2) 20 + 40 = ☐
3) 30 + 30 = ☐
4) 10 + 40 = ☐
5) 32 + ☐ = 52
6) 40 + 20 = ☐
7) 25 + ☐ = 45
8) 44 + 30 = ☐
9) ☐ + 63 = 73
10) 26 + ☐ = 76
11) 40 + 50 = ☐
12) 30 + ☐ = 66

1) 10 + 10 = ☐
2) 40 + 20 = ☐
3) 20 + 20 = ☐
4) 10 + 20 = ☐
5) 20 + 30 = ☐
6) 30 + 40 = ☐
7) 60 + 30 = ☐
8) 37 + 50 = ☐
9) ☐ + 20 = 56
10) 63 + ☐ = 73
11) 70 + ☐ = 90
12) 25 + ☐ = 75
13) 48 + 40 = ☐
14) ☐ + 30 = 64

Add three digits

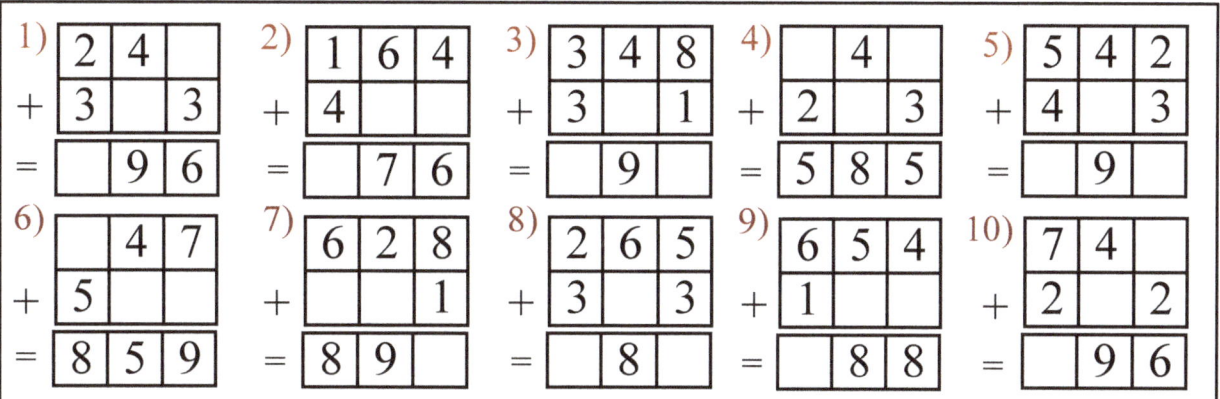

Add three digit with zero

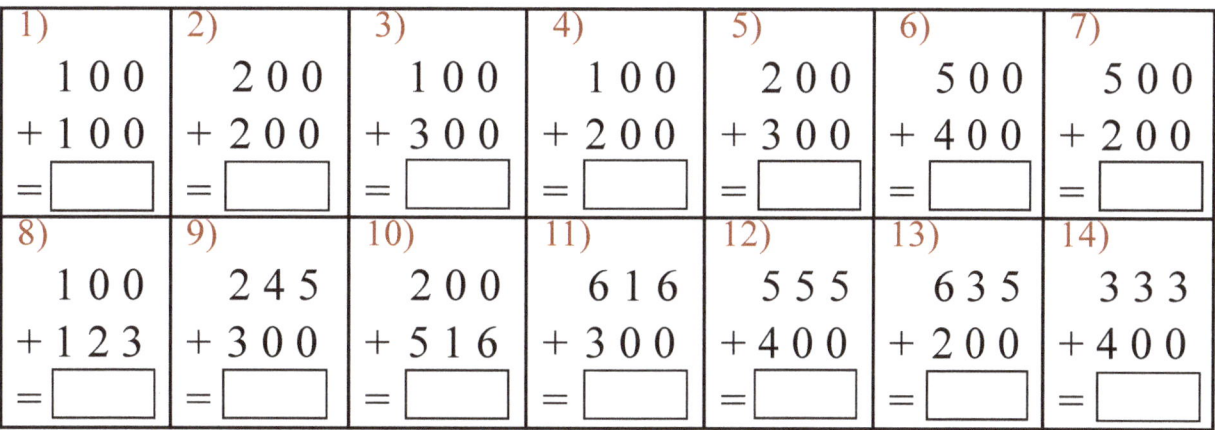

1) 200+200 = ▭	2) 200+400 = ▭	3) 300+400 = ▭	4) 200+300 = ▭	5) 300+500 = ▭
6) 265+200 = ▭	7) 300+366 = ▭	8) 500+409 = ▭	9) 178+600 = ▭	10) 600+210 = ▭

Add with regrouping

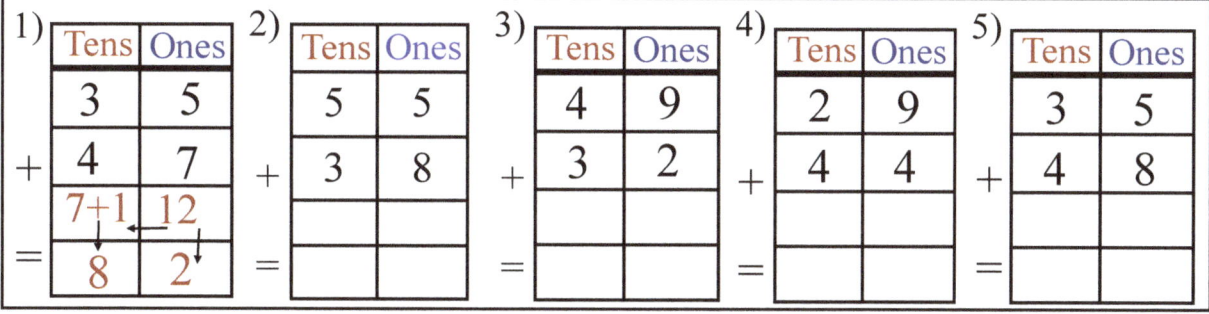

Addition with Tens and Ones

1) Tens | Ones : 45 + 16 =
2) Tens | Ones : 26 + 47 =
3) Tens | Ones : 73 + 17 =
4) Tens | Ones : 15 + 66 =
5) Tens | Ones : 33 + 58 =
6) 23 + 48 =
7) 16 + 54 =
8) 43 + 39 =
9) 68 + 18 =
10) 27 + 65 =

Write suitable symbols in the boxes

1) 8 ☐ 6 ☐ 9 = 5
2) 21 ☐ 11 ☐ 5 = 15
3) 15 ☐ 6 ☐ 8 = 17
4) 9 ☐ 8 ☐ 8 = 25
5) 32 ☐ 12 ☐ 15 = 35
6) 66 ☐ 16 ☐ 10 = 60
7) 13 ☐ 7 ☐ 9 = 29
8) 28 ☐ 10 ☐ 5 = 23
9) 25 ☐ 15 ☐ 8 = 2
10) 32 ☐ 8 ☐ 8 = 32
11) 40 ☐ 20 ☐ 15 = 35
12) 60 ☐ 18 ☐ 2 = 80

Three-digit Addition

1) 356 + 138 =
2) 555 + 287 =
3) 169 + 246 =
4) 337 + 437 =
5) 416 + 195 =
6) 534 + 189 =
7) 454 + 156 =
8) 361 + 539 =
9) 222 + 298 =
10) 655 + 135 =

Subtract with blocks

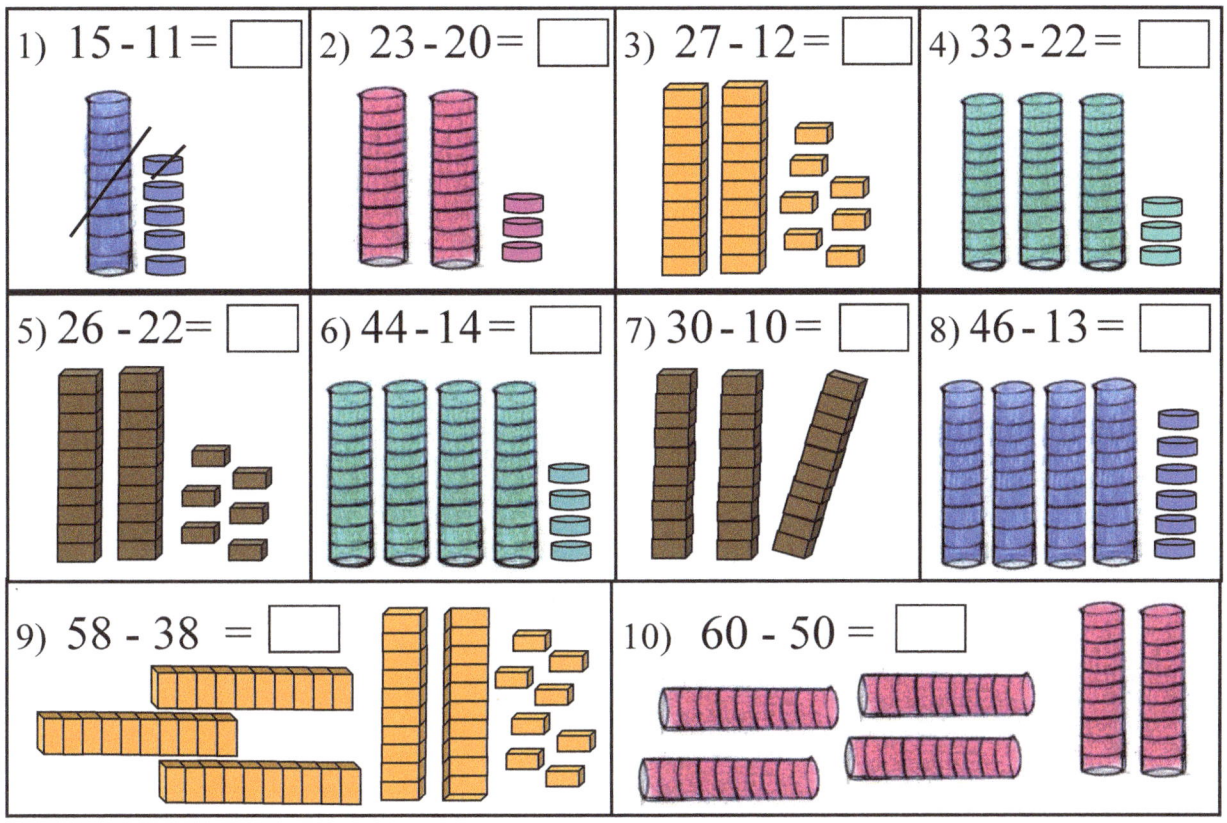

Subtract with tens and ones

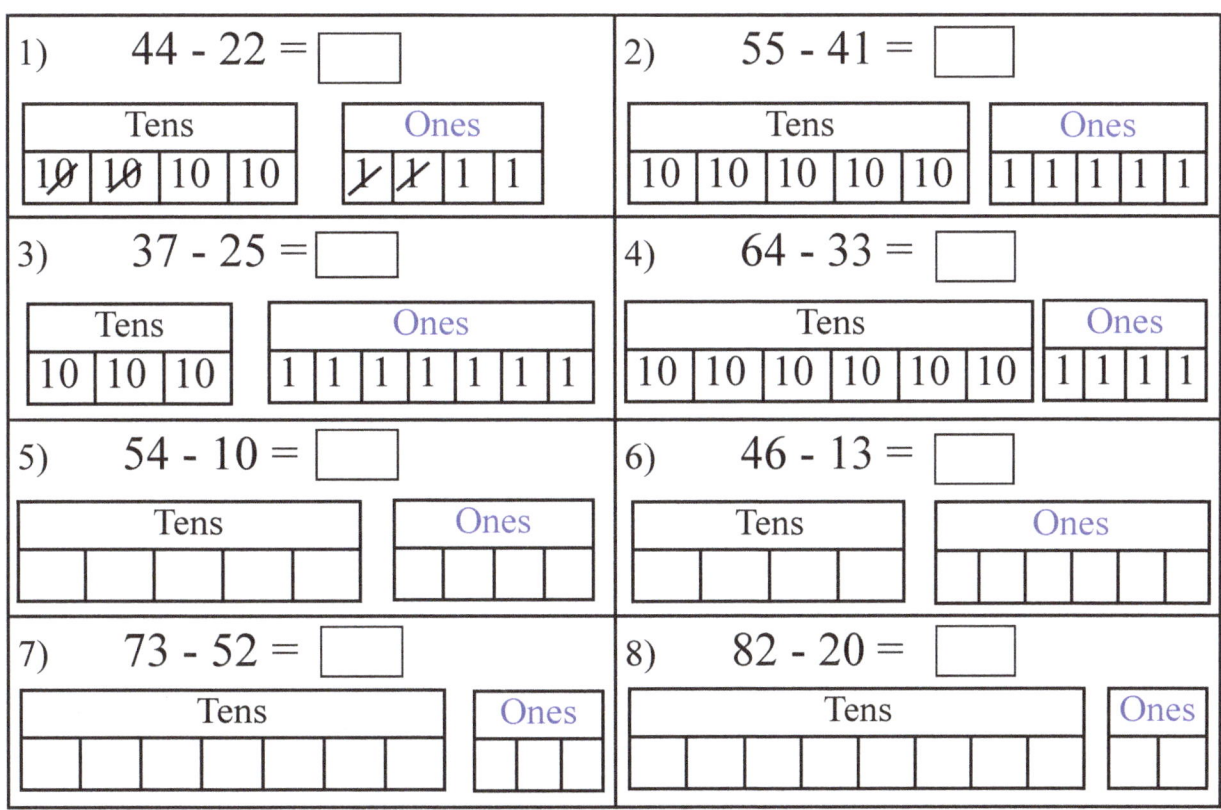

Subtract with regrouping

1) 72 - 56 = ☐

2) 45 - 26 = ☐

3) 52 - 48 = ☐

4) 64 - 56 = ☐

5) 73 - 47 = ☐

6) 55 - 38 = ☐

---

1)
5-1=4 | 10+3=13
Tens	Ones
5	3
- 2	5
= 2	8

2)
Tens	Ones
5	1
- 1	9
=	

3)
Tens	Ones
4	4
- 1	6
=	

4)
Tens	Ones
7	6
- 3	8
=	

5)
Tens	Ones
6	3
- 4	5
=	

6)
Tens	Ones
8	6
- 3	9
=	

7)
Tens	Ones
9	4
- 5	7
=	

8)
Tens	Ones
8	8
- 0	9
=	

9)
Tens	Ones
8	4
- 2	6
=	

10)
Tens	Ones
9	5
- 4	7
=	

Subtract with regrouping

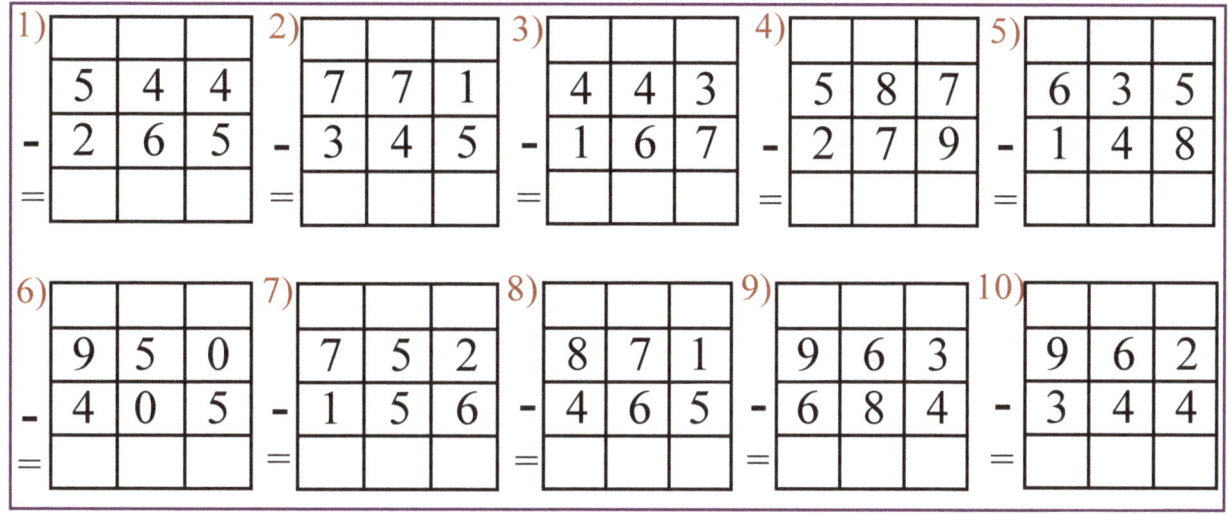

Subtract with pattern and fill in the missing places

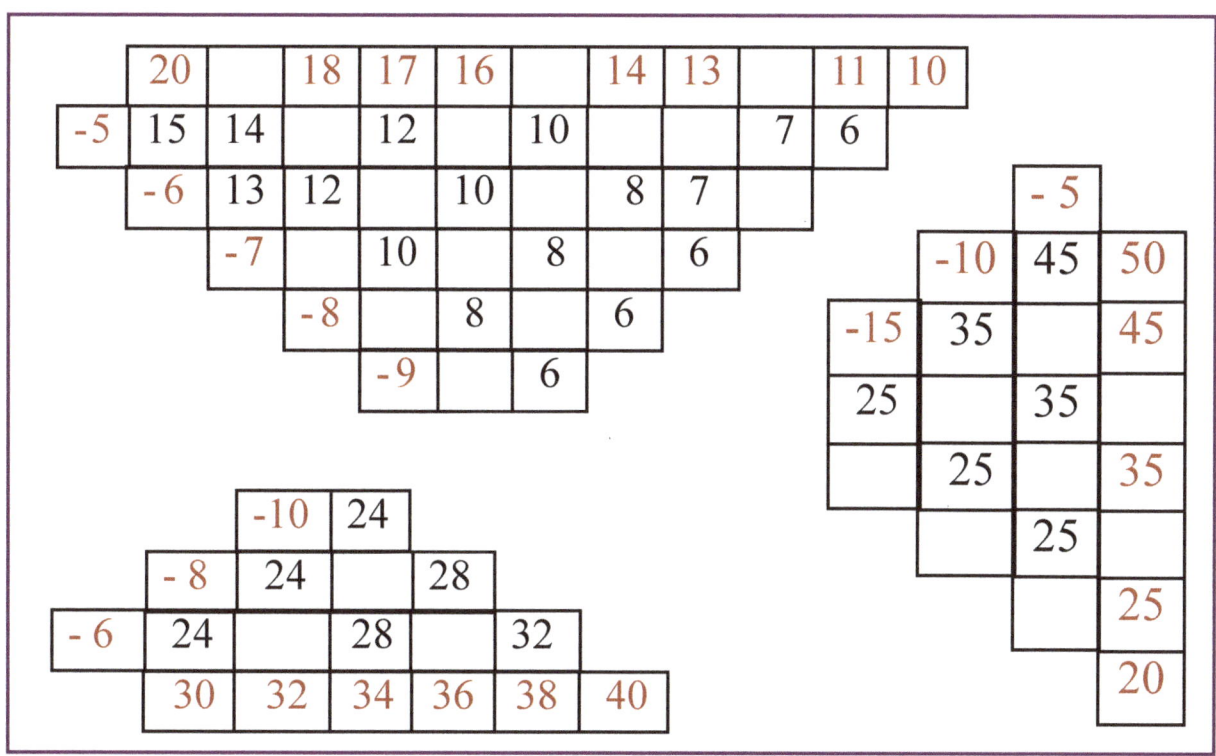

Find the factor and get the answers

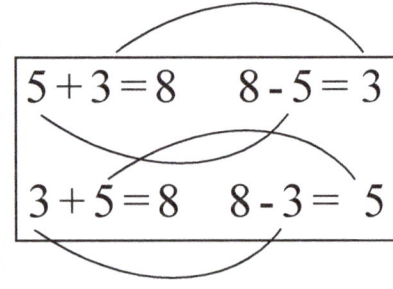

7 + 9 = 16	16 - 7 = 9
9 + 7 =	16 - 9 =

8 + 9 = 17	17 - 8 =
9 + 8 =	17 - □ = 8

6 + 8 = 14	14 - □ = 8
8 + □ = 14	14 - 8 =

24 + 6 =	30 - □ = 24
□ = 30	30 - 24 =

13 + 7 = 20	20 - 13 =

10 + 12 =	22 - 10 =

Find the number value and subtract them

40 - 20 = 20	60 - 40 = 20	80 - 30 = 50
6 - 3 = 3	9 - 6 = 3	7 - 3 = 4
46 - 23 = 23	□ - □ =	87 - □ =

90 - 60 =	60 - 20 = 40	50 - □ =
□ - 3 = 4	3 - 0 =	9 - 9 =
□ - □ =	63 - □ =	□ - 39 =

70 - 10 =	80 - 80 =	90 - □ = 30
□ - 4 = 4	6 - 0 =	9 - 0 =
□ - □ = 64	□ - □ =	□ - □ =

```
 1 2     8
-  8   + 4
 ─── ─────
   4    12
```

```
 1 5    □
-1 2  + 3
 ─── ────
   □   15
```

```
 1 8    1 2
-1 2  +  □
 ─── ─────
   □     □
```

```
 2 0    □
-  □  +10
 ─── ────
  10    □
```

```
   □    1 0
-1 0  +  □
 ─── ─────
  15     □
```

```
   □    1 4
-1 4  +11
 ─── ────
   □    □
```

```
   □    2 1
-2 1  +18
 ─── ────
  18    □
```

```
 4 5    2 0
-2 0  +  □
 ─── ─────
   □     □
```

Learn about ancient
Mayan Positional Numbers System 1-10

1	2	3	4	5	6	7	8	9	10
•	••	•••	••••	——	• ——	•• ——	••• ——	•••• ——	==

Add and subtract with Mayan Positional Numbers

1) —— + ••• = 8
2) ••• + •/— = ☐
3) •/— + •/— = ☐
4) •••/— + •••/— = ☐
5) ••/— − —/— = ☐
6) •••/— − •/— = ☐
7) ——/—— − ••/— = ☐
8) •••/— − •••/— = ☐

9) ==/— + —/— = ☐
10) •••/== − —/— = ☐
11) —/== − —/— = ☐
12) ==/— + ==/— = ☐
13) ==/— − •••/— = ☐
14) ••/==/— + ••/— = ☐
15) •/— + ••••/— = ☐

Find the pictures value and solve these problems

0	1	2	3	4	5	6	7	8	9
butterfly	star	ball	bird	kite	car	bucket	ice cream	heart	bug

1) car + ball + butterfly = 7
2) bucket + bug + car = ☐
3) bird + butterfly + bug = ☐
4) bucket + star + bird = ☐
5) butterfly + bird + bug = ☐

6) bug − bucket − star = ☐
7) ice cream − butterfly − kite = ☐
8) bug − star − star = ☐
9) heart + star − bug = ☐
10) car + car − car = ☐

11) bucket + ball − star = ☐
12) bug + butterfly − bird = ☐
13) butterfly + heart − bucket = ☐
14) bug − car + kite = ☐
15) bucket + star − bird = ☐

Learn about Roman's numbers 1-20

1	2	3	4	5	6	7	8	9	10
I	II	III	IV	V	VI	VII	VIII	IX	X
11	12	13	14	15	16	17	18	19	20
XI	XII	XIII	XIV	XV	XVI	XVII	XVIII	XIX	XX

Add and subtract with Roman's numbers

1) VI + VIII = XIV
2) III + VII =
3) VIII + IX =
4) X + IX =
5) XI + VI =
6) VII + VII =
7) XV + V =
8) VII - III =
9) XV - V =
10) XI - IX =
11) XVII - III =
12) X - III =
13) VIII - VII =
14) XV - II =
15) XV + V - IV =
16) XIX - V + II =
17) XI - V + V =
18) XIV + V - II =
19) XX - X - II =
20) VI + I - II =

Draw and add with pictograph

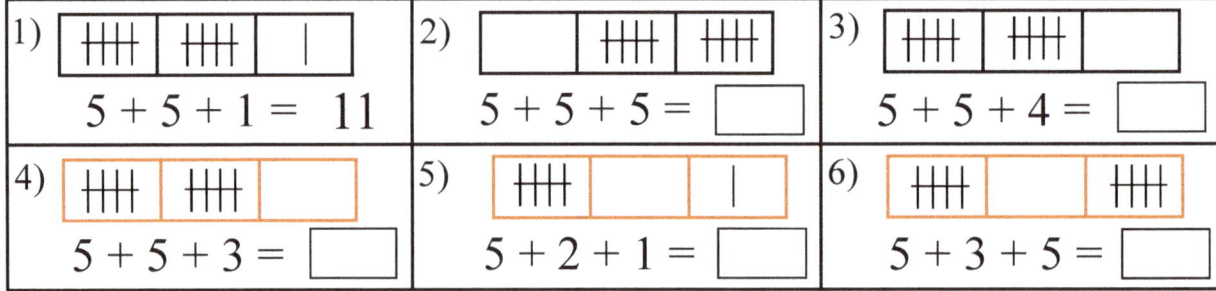

1) 5 + 5 + 1 = 11
2) 5 + 5 + 5 =
3) 5 + 5 + 4 =
4) 5 + 5 + 3 =
5) 5 + 2 + 1 =
6) 5 + 3 + 5 =

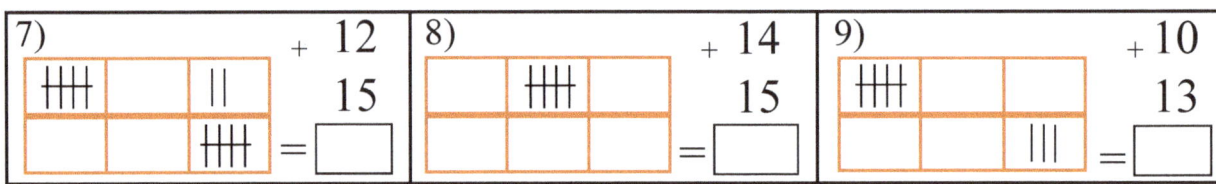

7) + 12, 15, =
8) + 14, 15, =
9) + 10, 13, =

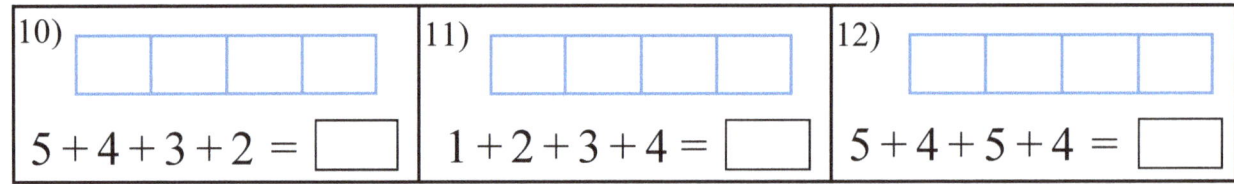

10) 5 + 4 + 3 + 2 =
11) 1 + 2 + 3 + 4 =
12) 5 + 4 + 5 + 4 =

Get answers from the chart

Cups 82	Bawls 45	Vases 12	People 98
Flowers 25	Saucers 53	Spoons 39	Chairs 75
Bottles 53	Cars 73	Lids 47	Car parking spots 58
Knives 62	Forks 55	Children 25	Birthday hats 23

Caps	8 2
Saucers	5 3
How many saucers need	

Flowers	
vases	
How many vases need	

Bowls	
Spoons	
How many spoons need	

People	
Chairs	
How many chairs need	

Knives	
Forks	
How many forks need	

Children	
Birthday hats	
How many birthday hats need	

Bottles	
Lids	
How many lids need	

Cars	
Car parking spots	
How many cars parking spots need	

Add and subtract with pattern from top to down

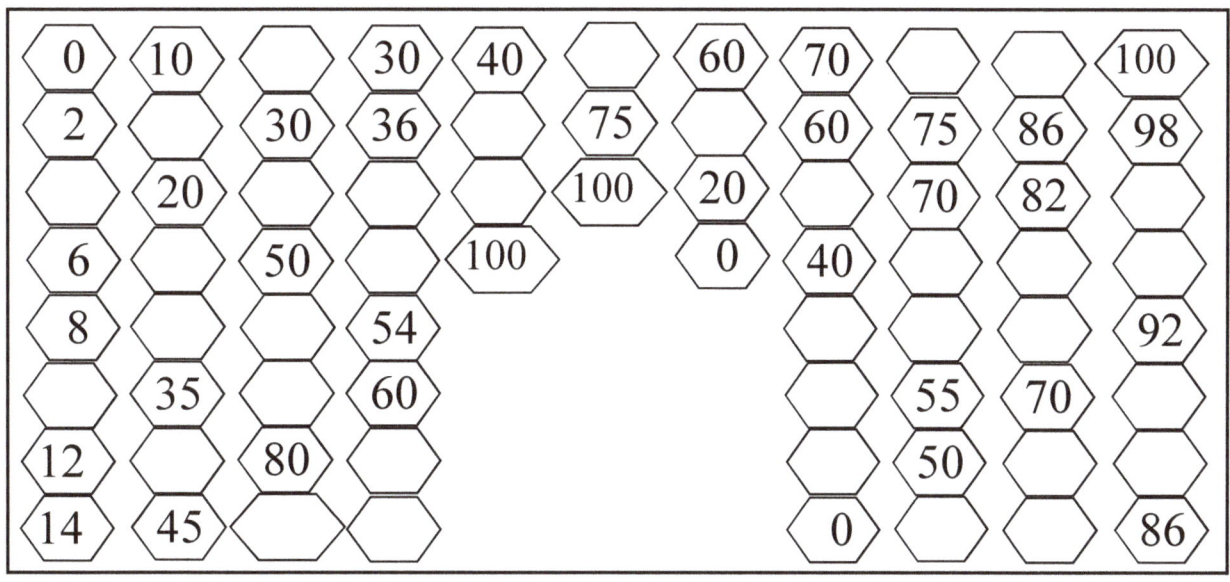

41

Red tables - 16	White flowers -45	Blue table - 13	Wooden dishes-34
Red flowers -53	Bronze knives -77	Silver Forks - 75	Big glasses - 55
Big plates - 66	Bronze spoons -43	Silver spoons -72	Red chairs - 32
Brown cups -33	Glass dishes - 47	Small plates - 63	White cups - 66
Blue chairs - 47	Bronze forks - 43	Silver knives -32	Small glasses - 24

Look at the chart and answer them

Small glasses	24
Big glasses	
Total of glasses	

Silver knives	
Bronze knives	
Total of knives	

Blue chairs	
Red chairs	
Total of chairs	

White flowers	
Red flowers	
Total of flowers	

White cups	
Brown cups	
Total of cups	

Big plates	
Small plates	
Total of plates	

Bronze spoons	
Silver spoons	
Total of spoons	

Bronze forks	
Silver forks	
Total of forks	

Wooden dishes	
Glass dishes	
Total of dishes	

Red tables	
Blue tables	
Total of tables	

	5 more	5 less
85	90	80
60		
75		
105		
125		

	10 more	10 less
90		
82		
109		
210		
361		

	20 more	20 less
80		
120		
155		
255		
333		

Read and solve these problems

52 and 65 apples were in the two stalls. 79 apples sold. Now, how many apples were in the both stalls?

Stall - 1 Apples	Stall - 2 Apples	Total apples
5 2	6 5	
Sold apples		
Now, apples were in the both stalls		

45 and 64 cars were left and right side on the road. 21 cars went from both sides. Now, how many cars were on both sides of the road?

Left side Cars	Right side Cars	Total cars
Cars went from both sides		
Now, cars were on the both side of road		

61 and 95 flowers were on the two trees. 48 flowers fell down from the both trees. Now, how many flowers were on the both trees?

Tree - 1 flowers	Tree - 2 flowers	Total flowers
Fell down the flowers		
Now, flowers were on the both trees		

72 and 76 books were on the two tables. Children took 69 books from both tables. Now, how many books were on the both tables?

Table - 1 books	Table - 2 books	Total books
Children took books		
Now, books were on the both tables		

95 and 69 markers were in the two boxes. 85 markers sold. Now, how many markers were in the both boxes?

Box - 1 markers	Box - 2 markers	Total markers
Sold markers		
Now, markers were in the both boxes		

www.ingramcontent.com/pod-product-compliance
Lightning Source LLC
LaVergne TN
LVHW072132060526
838201LV00072B/5019